自分らしく生きるための
キャリアデザイン

ライフシフトで価値観・働き方が多様化する現代社会において

はじめに

　本書のタイトルは「自分らしく生きるためのキャリアデザイン——ライフシフトで価値観・働き方が多様化する現代社会において」です。なぜ，このようなタイトルにしたのか，最大の理由は，キャリアデザインの目的を「自分らしく生きる」ためのロードマップと考えたからです。

　「でも，自分らしく生きるって，どういうこと？」

　こういう疑問の声が聞こえてきそうですね。

　「自分らしく」とか「自分らしさ」という言い方がしばしばされますが「あなたは自分らしく生きているの？」と聞かれた時，「もちろん！」と胸を張っていえる人は，どれだけいるでしょうか。「自分らしさ」についても，ヘアスタイルや服装など，外見に関しては「これ！」といえても，「自分らしい生き方」については，自問自答してしまう人が少なくないのではないでしょうか。

　本書では，自分自身の学業や仕事，家庭生活，社会活動などの価値観を大切にしながら生きていくことを「自分らしく生きる」ことと考えています。価値観とは，仕事でいえば「給料や社会的評価が高い」とか，「自分の知識や経験を活かせること」などがあげられるでしょう。家庭生活や社会活動の面でいえば「家族が第一」という人もいれば「世のため人のために生きたい」という思いが強い人もいると思います。

　とはいえ，読者の皆さんのなかには「自分らしさ」がはっきりしないという人もいるでしょう。そういう方々が「自分らしさ」を「発見」し，それをできるだけ保ちつつ生きていくためのキャリアデザインをどうつくっていけばいいのかについて，本書は，アドバイスをしていきます。その結果，皆さんが「自分らしく」生きていく可能性が高められるように設計したつもりです。

私たちは，一人ひとり違います。この違いを大切に思う意識が「自分らしさ」をポジティブに捉えることに繋がると，筆者は考えています。しかし，私たちの社会は，「自分らしさ」を否定したり，ネガティブに捉えてきた一面もあることは否めません。

　例えば，「男らしく」とか「女らしく」といった，ジェンダーのステレオタイプの言葉を煩わしく感じたことはありませんか。結婚や子どもをもつことが当たり前とした家族観も同様です。また，仕事についても，自分がやりたいことや生きがいに感じられることよりも，仕事を通じて得られる報酬や安定，社会的地位が重視されてきたことに，違和感をもつ人も少なくないでしょう。

　こうした「自分らしさ」を否定するような言動は，その時代の社会的経済的な状況を強く反映しています。したがって，それぞれの時代では，一定の存在意義があったかもしれません。しかし，私たちを取り囲む社会的経済的な状況や人々の価値観は，大きく変わってきました。特に，新型コロナウイルス感染症の対策として，在宅勤務やオンライン授業などが導入され，従来と異なる職場や学校，家庭の形が生まれました。家庭内における男女の役割分担や都心の職場や学校に通うという生活パターンを変化させ，これまでの仕事や居住地，家庭などのあり方や価値観が多様化してきました。キャリアデザインも，こうした変化を反映していく必要があるといえます。

　ところが，キャリアに関する本は，数多く出版されていますが，その大半は，仕事に限定されています。本書では，仕事に加え，家庭における役割分担や家庭や社会活動も含めた変化を多面的に捉え，キャリアデザインを考えていく，というスタンスに立っています。ここに大きな特徴があります。このスタンスは「ライフシフトで価値観・働き方が多様化する現代社会において」という副題に反映させました。

　「ライフシフト」とは，イギリスのロンドン・ビジネス・スクールのリンダ・グラットンとアンドリュー・スコットによる 2016 年発行のベ

ストセラーのタイトルです。この「ライフシフト」という言葉を副題に用いた本書は，日本における「人生100年時代」の状況を踏まえた，キャリアデザインのあり方を提起しています。

　以上のような考えに基づき，本書の第1章から3章までは，様々なデータを提示しつつ「自分らしく」生きられる社会的経済的な環境が醸成されつつあることを示しています。そのうえで，第4章で伝統的なキャリアデザインの理論を紹介し，第5章で「100年時代」のキャリアデザインとして，皆さん一人ひとりが「自分らしい生き方」を探り出し，実践に向けた第一歩にしてもらうためのワークシートを提示しました。

　また，「人生100年時代」のキャリアデザインを具体的なイメージをもちつつ捉えていただくために，インタビューをさせていただきました。多様なキャリアを積み重ねながら今日に至っている雅楽師の東儀秀樹さん，リスキリングを含めた人材育成を担っている日立アカデミー社長の迫田雷蔵さん，「住みたくなる県」を目指しさまざまな政策に取り組まれている香川県知事の池田豊人さんです。御三方のお話は，「人生100年時代」における「自分らしい生き方」を模索している読者の皆さんにとって，貴重な示唆を与えてくださる内容を含んでいると思います。快くインタビューに応じてくださった御三方に，心より感謝申し上げる次第です。

　出版にあたり，ナカニシヤ出版第二編集部の石崎雄高さんには，大変お世話になりました。この場をお借りしてお礼申し上げます。

　「人生100年時代」の「自分らしい」キャリアデザインをどう考え，つくり，進めていけばよいのか迷っている読者の皆さんへ，本書を通じて「自分らしく生きる」一助を提供できればと願っています。

平岩久里子

自分らしく生きるためのキャリアデザイン
ライフシフトで価値観・働き方が多様化する現代社会において

目　次

第1章
「自分らしく生きる」
可能性の広がりとキャリアデザイン

　「人間五十年 下天の内をくらぶれば，夢幻のごとくなり。一度生を得て滅せぬ者のあるべきか」

　本能寺の変で明智光秀の攻撃を受けた時，織田信長が切腹する直前に舞いながら口にした，といわれる言葉です。ただし，信長の創作ではなく，室町時代に流行した曲舞の一種，幸若舞「敦盛」の一節です。信長が自ら命を絶ったのは，49歳の時でした。そのためかもしれませんが，「人間五十年」を「人の一生は五十年に過ぎない」という意味だと誤解されることが少なくありません。なお，信長の遺体が見つからなかったこともあって，自害説が真実とは断定されていません。

　「敦盛」に戻りましょう。「人間（じんかん）」は，人の世を意味します。「下天（または化天）」は，仏教の天界の概念の1つで，この世界は，一日が人間界の800年にあたり，8000年の寿命があるとされています。したがって，下天の寿命は，人間の世界でいうと約23億年ということです。このことからわかるように，「人間五十年……」は，天界と比較することで人の世の時の流れの儚さについて述べているといえます。

　「なるほど……，でも，それがキャリアデザインとどう関係している

の？」という声が聞こえてきそうです。キャリアデザインとの関係でいえば，大切なのは，「人間五十年」ではなく，「一度生を得て滅せぬ者のあるべきか」の方です。「この世に生まれたもので滅びないものなどない」という意味で，人間の命の有限性を示しています。有限であれば，できることとできないこと，やることとやらないことを区別し，やることの優先順位などを決めなければ，命が尽きるとき，やりそこなったことについて後悔するでしょう。

　キャリアデザインをするには，なんらかの具体的なイメージやモデルが必要です。身近な例でいえば，男性の場合には父親，女性の場合には母親がロールモデルになることが多いでしょう。しかし，同性愛者や独身志向の人は，親をモデルにすることは難しいかもしれません。また，親をモデルにする場合でも，平均寿命の変化を考慮する必要があります。近年，「人生100年時代」という言い方が広がってきたことに象徴されるように，長寿化が進んでいます。寿命が延びることは喜ばしいですが，人生のあり方がこれまでと変わってきています。例えば，教育を受け，仕事に就き，退職するという，これまで一般的だった「3ステージ人生」を送ることは難しくなってきたといわれています。

　では，どうしたらいいのでしょうか？ここで提唱されている考えのひとつが，「ライフシフト」です。この本の導入にあたる本章では，まずライフシフトをキャリアデザインとあわせながら考えていきます。ただし，ライフシフトの概念は，コロナ禍以前に提唱されていたことに留意が必要です。コロナ禍によって広がってきた「新しい生活様式」は，ライフシフトと重なる部分もあります。そして，この2つの概念は，キャリアデザインにも影響を与えています。したがって，ライフシフトと新しい生活様式の概念を，関連させながら考えていきたいと思います。

　このように考えた時に，象徴的な現象として，仕事を第一に考え，そのうえで家庭や社会生活を検討していくという以外の生き方が拡大していることがあります。テレワークを通じて地方で家族と過ごしながら，

必要に応じて都心にある本社に出張するような生活が可能になっているのです。仕事を中心にして生活を組み立てる価値観を，この本では「仕事ファースト」と呼んでいきます。これがどのように変化してきたかについて，第2節で取り上げます。

　では，仕事ファーストの価値観を見直す動きが進んでいるなかで，人々は，キャリアデザインをどのように捉え，そしてどの程度考え，実施しているのでしょうか。この点について，就職，結婚，出産，子育て，退職，老後などのライフイベントと関連させながら考えていきたいと思います。これが第3節になります。

　ライフイベントというと，いま列挙したように，人生における「おめでたい出来事」というイメージが強いのではないでしょうか。しかし，現実には，病気やけがで入院したり，親や祖父母などの家族が亡くなるケースが生じるように，不幸な出来事もあります。人々は，こうした事態をどの程度想定し，対応策を考えているのかについても，この節で取り上げていきます。

　私たちは，「霞を食べて生きている」わけではありません。生きていくためには，最低限，衣食住が必要です。そして，衣食住を得るためにも，働かなければなりません。働くための技術や知識を得るには，教育が必須です。また，人生を豊かにするための文化や芸術，スポーツなど，広い意味での娯楽を親しむ機会に恵まれることも必要でしょう。衣食住，教育，娯楽などは通常，お金との交換によって獲得されます。したがって，人生設計を行う際には，やりたいこと，やるべきことを可能にさせるためには，収入を得て管理することが不可欠です。このため，第4節でファイナンシャルプランニングについて考えていきます。

　最後の第5節では，この本のタイトルにある「自分らしさ」を「自分探し」と「個人化」の概念と対比させながら考えていきます。というのは，「自分らしさ」は何か，と聞かれてもすぐには答えられない人が多いのではないかと思われるからです。「自分らしさ」を知り，その実現

に向けた第一歩が，「自分探し」ではないでしょうか。「自分らしさ」を見極めたうえで，「自分らしさ」に適した人生の目標を定めていくことになります。このことは，自分の人生を自分で決めていくということに他なりません。このように，自分を他の何ものでもない，自分自身だと強く意識し，行動していくことを「個人化」という言葉で表現していきたいと思います。

　自分が定めた目標に到達できれば，自分への尊厳を育むことになるでしょう。しかし，失敗した場合には，選択が誤っていたとか，実現に向けた努力が足りなかったなど，「自己責任」として突き放されることになるかもしれません。このため，「自分で選択するより，だれかに決めてほしい」という考えになりがちです。「個人化」の概念を用いながら，「自分らしさ」の実現の難しさも考えていただければと思っています。

1　「3ステージ人生」から「マルチステージ人生」へ

　ライフシフトという言葉は，2016年に発行された『ライフシフト──100年時代の人生戦略』（以下，『ライフシフト』）という本のタイトルを通じて，広く用いられるようになりました。この本は，イギリスのロンドン・ビジネススクールの2人の教授，リンダ・グラットンとアンドリュー・スコットが2016年に出版した，*The 100-Year Life: Living and Working in an Age of Longevity* を翻訳したものです。翻訳本にはよくあることですが，『ライフシフト』についても，日本語と英語のタイトルは異なります。英語にはない，ライフシフトという言葉が日本語版では用いられているのです。英語の "Longevity" は，長寿を意味します。具体的には The 100-Year Life（人生100年）ということです。その根拠として，グラットンとスコットは，1840年以降，ほぼ10年ごとに平均寿命が2〜3年伸びてきていることを示しています。これを現在生きている人に当てはめると，2007年生まれの人の50%は

104 歳まで生きるということになります。1997 年生まれの場合，101 歳，あるいは 102 歳まで生きる可能性は 50％ということです。

　では，日本では，どうなのでしょう。2017 年に発表された「人生100 年時代構想会議の中間報告」の「第 1 章　はじめに」のなかで，厚生労働省は，カリフォルニア大学バークレー校の研究によれば「日本では，2007 年に生まれた子供の半数が 107 歳より長く生きる」と指摘しています。(1) また，令和 3 年版高齢社会白書は，2065 年の平均寿命を男性 84.95 歳，女性 91.35 歳と予測しています。(2)

❖ 「3 ステージ人生」の限界

　このように述べると「介護や医療の負担が膨大になって，国や地方の財政や家族の負担が大きくなるのでは？」と懸念する人も多いでしょう。しかし，高齢化した人のすべてが介護や医療に大きく依存するわけではありません。ここで生まれたのが「健康寿命」という考え方です。2000 年に世界保健機関（WHO）が提唱をしたもので「心身ともに自立し，健康的に生活できる期間」を指す言葉です。

　とはいえ，年をとればとるほど，心身が弱まり，介護や医療が必要になることは避けられません。このため重視されているのは，平均寿命と健康寿命の差です。換言すれば「平均寿命 − 健康寿命」が自立した生活を送ることが難しくなる期間なので，この期間が長いか短いかがポイントになります。WHO の資料によれば，2016 年時点の日本の男女の平均(3)寿命は 84.2 歳で世界第 1 位。健康寿命は 74.8 歳でトップです。ただし，その差は 9.4 年で，決して良い数字とはいえません。ちなみに，イギリスは 9.5 年と，日本とほぼ変わりません。

　グラットンとスコットは，このような状況を強く意識しているのでしょう。これまで一般的だった，20 歳前後まで教育を受け，その後，60 歳から 65 歳くらいまで働き，その後，引退生活を送るという「3 ステージ人生」が限界を迎えていると指摘しています。具体的には，老齢

年金の受給年齢の引き上げなどにより高齢者の所得確保が困難になるとともに，就労期間の延長をする必要に迫られているということです。日本では，1941年に制定された「労働者年金保険法」により，初めて年金という制度ができました。このとき，被保険者は男性だけで，受給開始年齢は55歳でした。その後，徐々に引き上げが行われ，現在では原則として65歳からの受給になっています。

　一方，定年延長が進んでいます。日本最古の定年制度といわれる，1887年の東京砲兵工廠の職工規定では，55歳を労働者の定年としていました。これに準じてでしょう，多くの企業で55歳定年制が導入されていきました。その後，度々年齢の引き上げが行われていきます。そして，2021年の改正高年齢者雇用安定法の施行により，継続雇用や定年引き上げを含めた65歳までの雇用確保の義務化と，70歳までの就業確保の努力義務が規定されました。

❖「マルチステージ人生」への移行

　「なんだ，年金を受け取れる年齢が引き上げられても，定年も延長されているんだから，生活するのには困らないようになっているんですね」という印象を受けるかもしれません。実際，制度改正にあたり，政府は，こうした説明を繰り返してきました。

　しかし，2019年に金融庁が提出した報告書で「老後2000万円問題」が話題になりました。高齢者夫婦無職世帯の平均的な家計収支をみると，年金収入などがあっても，毎月5万4520円不足するため，老後を30年間と想定すると，約2000万円の資金を65歳時点で持っていないと生活が成り立たない，というシナリオです。2000万円と聞いても，ピンと来ないかもしれません。高校や大学を卒業してから40年間働くとすれば，毎年50万円たくわえなければならないということです。月間にすれば，4万円余り。収入がいくらあるかにもよりますが，現役世代の多くからは「無理！」という声が多いのではないでしょうか。

こうなると，年金受給額の引き上げがなければ，定年のさらなる延長
や定年後の再就職による収入の確保が必要になります。あるいは，定年
前に，より多くの資産を形成しておくことが望まれます。消去法で考え
ると，年金受給額の引き上げは，高齢化が進んでいるなかで難しいで
しょう。となると，定年の引き上げと定年前にいかに稼ぐかがポイント
になります。
　グラットンとスコットは，稼ぎ方を直接指南しているわけではありま
せん。生き方を変えていくことで，稼ぐ期間や額を増やしていく方法を
提示しているようにみえます。それが「マルチステージ人生」への移行
です。これを一言で説明すると，以下のようにいうことができるでしょ
う。なお，図1-1は，「3ステージ人生」と「マルチステージ人生」の
概念を比較して示したものです。以下の説明を読む際に，ご参照くださ
い。この図にある「引退」という言葉は，「定年後」を意味します。こ
れまで定年制との関係で論じてきたため，「定年」を用いてきました。
しかし，図では，『ライフシフト』における用語にしたがい，引退とし
てあります。
　まず，教育・仕事・引退という3つのステージの流れは維持されます。

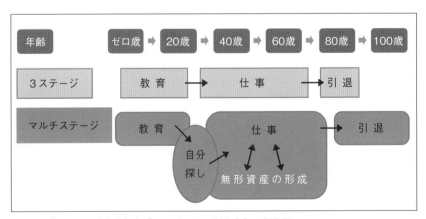

図1-1　「3ステージ人生」と「マルチステージ人生」の概念図
（出典）『ライフシフト――100年時代の人生戦略』を参考に筆者が作成

しかし，教育から仕事に移行する過程で，「自分探し」の時間を設けることが必要だとされています。「自分探し」は，自分により適した仕事や生き方を探すことで，数十年に及ぶ仕事人生をより有意義に過ごすことにつながると考えられているようです。卒業後に「自分探し」と聞くと，「そんな悠長な人がいるの？ 皆，すぐに就職するのでは？」といわれそうです。しかし，文部科学省による令和3年度の学校基本調査⁽⁴⁾によると，2021年度の大学卒業者は58万3518人でした。このうち大学卒業後最も多いのは，無期雇用労働者，つまり定年まで働くことが可能な労働者が41万1802人でトップ。次いで，進学者の6万3334人でした。この調査には，「進学でも就職でもないことが明らかな者」という分類があります。大卒者全員のほぼ1割に相当する，5万6228人にのぼります。進学や就職を準備中の人，家事手伝いなどの人です。家事手伝いはやや微妙ですが，進学や就職を準備している人の多くは「自分探し」をしていると考えられるのではないでしょうか。

　マルチステージでは，仕事に就いた後も，その仕事に没頭するのではなく「無形資産」を形成し，引退の時期を遅らせるとともに，引退後に備えるということです。ここで「無形資産」という聞きなれない言葉が出てきます。これは，資産をマイホームや貯蓄などの「有形資産」と区別するためのものといえます。グラットンとスコットは「無形資産」について，以下の3種類をあげています。

①生産性資産（Productive Assets）：主として仕事に役立つ知識やスキル
②活力資産（Vital Assets）：自身の健康や良好な家族・友人関係
③変身資産（Transformative Assets）：変化に対応して自らを変える力

　今日の経済社会は刻一刻と変化しています。「人生100年時代」においては，こうした変化に対応しなければなりません。働く会社や仕事内

容は同じでも，やり方や質は変わっていくでしょう。これらに対応するための知識やスキルは，随時獲得していく必要があります。これが生産性資産の増加であり，そのためには変化を受け入れる力，変身資産が重要になります。一方，人は一人で生きているわけではありません。家族や友人と良好な関係を築いていくことは，自らの心身の安定を促し，健康寿命も延び，より良い引退後を過ごすことを可能にさせるのではないでしょうか。

2 「自分らしさ」を求め「仕事ファースト」の終わりの始まり

「コロナ時代，都会から離れて自分らしく暮らしたいという人が増えています。都会中心の生活から地域の時代へ！」

テレビ東京系列の BS テレ東で放映されていた「都会を出て暮らそうよ　Beyond Tokyo」のウェブサイトに掲載されている，番組紹介文の一節です。MC（進行役）は，宮城県牡鹿郡女川町生まれの中村雅俊さんと新潟県糸魚川市出身伊藤聡子さん。地方出身のお2人が，地方の街をひとつ取り上げ，その街に「住みたくなる理由」に迫っていくトークを楽しみにしている人も少なくないようです。「コロナ時代」とあるように，番組が始まったのは 2021 年 3 月 31 日。いわゆる第三波にともなう緊急事態宣言が解除されたものの，コロナ禍の先行きに不透明感が漂い，各地の観光関係の事業が大きな打撃を受けていた時でした。

日本経済新聞社を親会社とするテレビ東京系列の番組なので，都市住民に地方の魅力を伝え，移住を促すことで，地方経済の活性化における人的資源確保の一助としたい，という意図もあったと思われます。しかし，それだけではないようです。「自分らしく暮らしたいという人が増えています」という言葉が示すように，人々の生き方，価値観の変化を敏感に受け止めたうえでの企画ともいえます。その意味では，この本と同様なコンセプトに立っているといえるでしょう。

❖ 都会中心の生活パターンの成立

　BS テレ東の「都会を出て暮らそうよ　Beyond Tokyo」の放映開始から 1 年後の 2022 年 3 月 29 日，NHK は「いいいじゅー !! 」をスタートさせました。「移住を通して新たな生き方にチャレンジする人々をドキュメント」するというコンセプトの番組です。ここでも「新たな生き方」という言葉が用いられていますが，この本と同様な状況認識が感じられます。また，新聞や雑誌などの文字媒体でも，移住や「東京脱出」の動きが相次いで報じられるようになりました。

　このように述べると，コロナ禍が都会の住民の地方移住の動きを促した，と感じられるかもしれません。しかし，政府の政策を見ると，コロナ禍以前から，地方移住を促そうとしていたことがわかります。例えば，まち・ひと・しごと創生本部（本部長・内閣総理大臣）が作成した「まち・ひと・しごと創生総合戦略 (2015 改訂版)　全体像」[5]において，「地方への新しいひとの流れをつくる」ために，地方・東京圏の転出入均衡を 2020 年に達成する目標を定めました。ここでいう地方・東京圏の転出入均衡には，地方から東京圏への転入を 6 万人減少させるとともに，東京圏から地方転出を 4 万人増加させることで実現されるものです。

　では，「地方への新しい人の流れをつくる」という政府の掛け声に対して，人々はどのように感じていたのでしょうか。この点について検討する前に，「東京一極集中」に象徴される都市への人口集中が，なぜ，どのように生じたのか，見ておきたいと思います。都市への人口集中の背景には，職住近接が必要とされる状況などによる，仕事ファーストの考えがあったと考えられます。日本の産業構造は戦後，農業から工業，そしてサービス業へとその中核をシフトさせてきました。農業であれば，農地に近い場所に住む必要があります。工業やサービス業は，農業ほど顕著ではないにせよ，職場には週に 5 ～ 6 日通う必要があります。電車やバスなどの公共輸送機関が急速かつ大幅に発達していったとはいえ，

通勤に費やすことができる時間は自ずと限られてきます。

　工業やサービス業は，都市部を中心に発展してきました。これらの産業に必要とされる労働力の多くは，戦前戦後の数十年にわたり，農村部の中学・高校の卒業生を「集団就職」として都市が受け入れてきました。映画『ALWAYS 三丁目の夕日』の鈴木オートに就職した，堀北真希さんが演じる青森出身の星野六子のような 10 代の少年少女が上野駅にやってくる姿は，1975 年 3 月 24 日，盛岡発の集団就職列車が上野駅に到着するまで続きました。集団就職が終わりを告げる頃には，農村部でも高学歴化が進行し，大学進学を目指し，多くの若者が東京などの大都市を目指しました。卒業後，彼らの大半は，通学していた大都市で就職，そして居を構え，結婚，出産，子育てを行い，都会人になっていきました。こうして，職住近接の場としての大都市における人口集中が進む一方，1991 年に高知大学の大野晃教授が「限界集落」を提唱したように，農村部の人口減少が危機的ともいえる状況が生まれたのです。

　これを総務省のデータで見ると，次のようになります。1968 年の日本の総人口は 1 億 198 万 8020 人でした。このうち 69.7％は都市部に相当すると考えられる「市区部」に居住。一方，農村部といえる「町村部」は 30.3％でした。2022 年になると総人口が 1 億 1282 万 6524 人に増加しましたが，そのうち 91.6％は市区部に居住，町村部の住民は 8.4％に減少し，両者の差は大きく拡大しました。

❖「自分らしさ」を具現化させるコロナ禍の働き方の変化

　上記の総務省のデータは，人口の大都市集中の現状だけではなく，ある変化も示しています。2022 年の 1 都 3 県（東京，埼玉，千葉，神奈川）の日本人の人口が前年比 0.1％減の 3561 万 115 人となり，1975 年の調査開始以来初めて前年を下回ったというのです。これは，東京都の人口が前年比 0.15％減の 1327 万 7052 人と，26 年ぶりに前年を下回った要因が大きいと説明されています。この事実を報じたメディアは，日

本経済新聞の「1都3県初の人口減，東京へ流入鈍る　コロナで意識変化」[8]の記事のように，コロナ禍による人々の意識変化が背景にあると指摘しています。この記事は，ニッセイ基礎研究所の天野馨南子氏の「新型コロナウイルス禍でテレワークが広がり，20代の女性を中心に東京から神奈川や埼玉など隣接県に転出するドーナツ化現象が起きた」という分析を紹介しています。コロナ禍でテレワークが広がり，職住近接の必要性が下がり，東京の住民が近隣県に移住しやすくなったことは確かでしょう。とはいえ，賃貸住宅は契約期間，分譲マンションや一戸建て住宅であれば，ローンの返済や売却も必要です。さらに，いずれの場合であっても，子どもがいれば移住先の教育環境，単身者や夫婦世帯であってもショッピングや医療などへのアクセスも考えなければならないでしょう。

　このことは，コロナ禍で急に思い立って移住を決めたというシナリオは必ずしも現実的ではないことを示唆しています。そこで，2014年6月に内閣府が実施した「農山魚村に関する世論調査」の結果のひとつ「都市住民の農山漁村地域への定住願望の有無」を見ながら，考えていきましょう。表1－1は，居住地域について「都市地域」，「どちらかというと都市地域」と答えた人（1147人）に対して，「農山漁村地域に定住してみたいという願望があるか」尋ねたものです。その結果，「ある」の割合が31.6％（「ある」8.8％＋「どちらかというとある」22.8％），「ない」が65.2％（「どちらかというとない」29.6％＋「ない」35.7％）でした。「ない」の小計は，「どちらかといえばない」と「ない」の合計と異なります。これは，小計では小数点以下2桁までの結果を合わせたためと思われます。

　これを前回の調査結果（2005年11月実施）と比較して見ると「ある」が20.6％から31.6％に上昇し，「ない」が76.0％から65.2％に低下しています。また，2014年調査だけになりますが，男女別に見ると「ある」とする者の割合は，男性の方が女性よりほぼ10ポイント高くなってい

表 1-1　都市住民の農山漁村地域への定住願望の有無　　　　　　　　（単位：％）

属性		ある（小計）	ある	どちらかというとある	どちらともいえない	わからない	ない（小計）	どちらかというとない	ない
	今回調査　(1,147人)	31.6	8.8	22.8	2.4	0.9	65.2	29.6	35.7
性別	男性　　　（555人）	36.8	11.7	25	2.2	0.9	60.2	26.7	33.5
	女性　　　（592人）	26.7	6.1	20.6	2.5	0.8	69.9	32.3	37.7
年齢	20〜29歳　（75人）	38.7	10.7	28	1.3	2.7	57.3	37.3	20
	30〜39歳　（153人）	32.7	5.9	26.8	2	1.3	64.1	37.9	26.1
	40〜49歳　（214人）	35	6.1	29	3.7	1.4	59.8	32.2	27.6
	50〜59歳　（206人）	33	8.3	24.8	0.5	1	65.5	31.6	34
	60〜69歳　（246人）	33.7	11.8	22	2	−	64.2	30.1	34.1
	70歳以上　（253人）	22.5	9.9	12.6	3.6	0.4	73.5	17.8	55.7
男性・年齢	20〜29歳　（75人）	47.4	18.4	28.9	2.6	2.6	47.4	31.6	15.8
	30〜39歳　（153人）	34.8	4.5	30.3	1.5	−	63.6	33.3	30.3
	40〜49歳　（214人）	39	8.6	30.5	2.9	1.9	56.2	28.6	27.6
	50〜59歳　（206人）	40.7	7.7	33	−	1.1	58.2	24.2	34.1
	60〜69歳　（246人）	37.8	16.3	21.5	2.2	−	60	29.6	30.4
	70歳以上　（253人）	28.3	14.2	14.2	3.3	0.8	67.5	18.3	49.2
女性・年齢	20〜29歳　（75人）	29.7	2.7	27	−	2.7	67.6	43.2	24.3
	30〜39歳　（153人）	31	6.9	24.1	2.3	2.3	64.4	42.4	23
	40〜49歳　（214人）	31.2	3.7	27.5	4.6	0.9	63.3	35.8	27.5
	50〜59歳　（206人）	27	8.7	18.3	0.9	0.9	71.3	37.4	33.9
	60〜69歳　（246人）	28.8	6.3	22.5	1.8	−	69.4	30.6	38.7
	70歳以上　（253人）	17.3	6	11.3	3.8	−	78.9	17.3	61.7
	平成17年11月調査（975人）	20.6	8.9	11.7	3	0.4	76	13.9	62.1

（出典）内閣府「農山漁村に関する世論調査」2014 年 8 月公表

ます。男女を含めた年齢別では，70 歳以上を除けば，大きな違いはあ
りません。けれども，男女別でみると，男性は 20 代，50 代の割合が高
く，女性は 40 代が高いという違いがみられます。なお，表 1 − 1 には
含まれていませんが，現在の居住地域が「どちらかというと農山漁村
地域」，「農山漁村地域」と答えた人（700 人）に，都市地域への移住に
ついて尋ねたところ，「移住したい」とする人は 19.7％（「移住したい」
5.3％＋「どちらかというと移住したい」14.4％）でした。男女別に見る

と，都市地域に「移住したい」とする割合は女性で高くなっており，農山漁村地域を希望する男性と逆の傾向が見られます。

　では，なぜ，人々は移住を考え，居を移していこうとするのでしょうか。この点について，詳細に論じる余裕はありませんが，この節を締めくくるにあたり，民間のシンクタンク，パーソル総合研究所が 2022 年 3 月に発表した「地方移住に関する実態調査」（以下，実態調査）を参考にして，仕事ファーストとの関係で考えておきたいと思います。

　実態調査は，2021 年 3 月 25 日から 31 日の間にインターネットを通じて行われたものです。対象者は，社会人になって都道府県をまたぐ移住を経験した人と地方移住に関心のある人に加え，関心のない人の 3 タイプに分けられます。移住者の 53.4％が転職はしておらず，60％弱が移住に伴う収入変化はなかったと回答しています。このことは，オンラインの活用など，働き方の選択肢が増えるなかで「転職なき移住」が主流となっていることを示唆している，と分析されています。実際，テレワークや遠隔地居住ができる人ほど，移住を具体的に検討している割合が高くなっています。

　これらは，仕事を中心にした環境が，地方移住を可能にするうえで有利な方向に変化したことを示しているといえるでしょう。では，移住先を決めるにあたり，どのような点を重視したのでしょうか。これについて，実態調査は，地域での買い物や医療面など，生活上の利便性が高いことを指摘しています。また，街並みの雰囲気への好感度や穏やかな生活を送ることができる可能性，自然の豊かさなど，移住者個人のライフスタイルとの関係も重視していることがわかりました。

　以上から，仕事を通じた経済的な保障を重視しつつ，移住先の生活に不便がないことだけではなく「自分らしさ」を育む環境を期待しての移住を実現させているという姿が浮かび上がってきます。実態調査は，移住者を自らが生まれ育った地域へ戻る U ターン型など 5 つに分類し，それぞれの特徴を探り出しています。したがって，移住者全てが同じ考

えとはいえないことは自明です。とはいえ，「自分らしさ」の実現も含め，仕事ファーストの終わりの始まりを物語っているということもいえるのではないでしょうか。

3　ライフイベントとキャリアデザイン

「プラスチックだ」

　大学卒業後，将来を思い悩む主人公の肩を抱きながら，男性は，こう言葉をかけました。1967年に公開された，アメリカの青春恋愛映画『卒業』のひとコマです。マイク・ニコルズ監督，主演はダスティン・ホフマン。といっても，かなり古い映画なので，この本を手にした皆さんの多くはピンとこないかもしれません。映画に詳しい人がいれば，アメリカン・ニューシネマを代表する作品で「花嫁（キャサリン・ロス）を結婚式の最中に，花婿から奪うシーン」で終わる映画だと思い出してもらえるかもしれません。

　さて，男性はなぜ「プラスチックだ」といったのでしょうか。当時，このシーンを見たアメリカ人の多くは，思わず噴き出したといいます。急成長していたプラスチック産業で働けば，一生食べていける。そんな意味合いを含んでいたからです。しかし，いまプラスチック産業は，厳しい状況に立たされています。レジ袋の有料化が進んでいるだけではありません。海にあるプラスチックごみを海鳥やウミガメなどが餌と間違えて食べて，死んでしまうケースも数多く報告されています。さらに，マイクロプラスチックと呼ばれる，ごく小さなプラスチックを海の魚などが飲み込み，その魚を食べる人間にも影響を及ぼすのではないかという声も強まっているのです。

　これは，映画『卒業』の時代と異なる現実に私たちが直面している一例です。プラスチック産業のような成長している業界で仕事に就けば生涯安泰，とはいえない時代なのです。だからこそ，ライフシフトが指摘

するような「マルチステージ人生」を設計したうえで，歩んでいかなければならないといえるでしょう。

　とはいえ，「人生100年時代」における自分の生き方を「マルチステージ人生」の観点から考えるといっても，70年，80年先のことを思い描くことは困難だと思います。そこで，この節では「自分らしい」人生という前に，そもそも人生に何が待ち構えているのかということについて，ライフステージやライフイベントの概念を用いながら，考えていきます。

❖ライフステージとライフイベント

　この本のメインテーマであるキャリアデザインとは，私たち一人ひとりの一生をどう考え，設計していくのかについて検討することといっていいでしょう。とはいえ，長い期間に及ぶ人間の一生を考えるには，いくつかの節目や段階に分ける必要があります。身近にいる両親や祖父母を見れば明らかなように，私たちは，生涯同じ状態にあるわけではないからです。

　では，どのような段階に分けていけばいいのでしょうか。生まれてから死ぬまでといわれるように，私たちには，生と死が伴います。人間が生物であるからに他なりません。しかし，人間は，単なる生き物ではありません。社会的な存在でもあるのです。このような認識に基づき，この本では，生物としての生とともに，社会的な存在としての一生という，二つに分類して考えていくことにします。

　生物としての人間に対しては，ライフステージという言葉を用いることができます。例えば，厚生労働省は，21世紀の道標となる健康施策を「健康日本21」と呼んでいます。その概要を示した「健康日本21（総論）」では，人生を次の6つの段階に分類しています。

　・幼年期：生理的機能が次第に自立する時期

・少年期：社会参加への準備に向け，精神神経機能が発達する時期
・青年期：身体的に生殖機能が完成し，子どもから大人へ移行する時期
・壮年期：労働・育児など活動的で，身体的機能も充実している時期
・中年期：高年期への準備期で，身体機能が徐々に低下していく時期
・高年期：余生を楽しむ一方，身体的には老化が進む時期

　それぞれの時期がどの程度の年齢を示すのかについては，「健康日本21（総論）」では明示していません。しかし，幼年期が4歳まで，少年期が5〜12歳程度，青年期が13〜24歳，壮年期が25〜44歳，中年期が45〜65歳，そして高年期が65歳以上と考えていると思われます。なお，「健康日本21（総論）」は，その名の通り，各時期において生じる健康上の問題やそれらへの対策などが示されています。

　では，ライフイベントとは，どのような概念なのでしょうか。イベントというように，人生における出来事，特に大きなものをさすことが多いようです。具体的には，卒業，就職，結婚，出産，育児，子どもの独立，親の介護，自分や配偶者の介護，死亡などです。また，これらに加え，住居の購入と維持・修理，子どもの進学，相続など，多額の資金が必要となる事柄を含めることもあります。

　なお，ライブイベントに似た概念として，ライフコースという言葉があります。1970年代にアメリカで生まれ，社会学を中心に用いられてきました。女性の社会進出の広がりの影響などで，21世紀になると人々の生き方が多様になってきました。その結果，企業の中に，女性に対するマーケティング活動に応用しようという動きが広がってきました。男性のライフコースは，比較的均一的です。しかし，女性の場合は，専業主婦，シングルマザー，DINKs（Double Income, No Kids：子どもなしで共働き），DEWKs（Double Employed with Kids：子育てしながら共働き）では，消費動向が大きく異なります。それぞれのライフコースに対応したマーケティング活動を展開していくという考えです。この概

念も「自分らしさ」に関連してくるので，この本でも，必要に応じて取り上げていきます。

❖**年齢差が大きい「生活設計」への意識**

　ライフイベントの具体的な例を見ると，おめでたい出来事，つまり慶事的な内容が多いと感じられます。しかし，人生は楽しいことや嬉しいことばかりではありません。楽あれば苦あり。自分や家族の病気や事故，配偶者との離婚や死別，雇われていれば生活の糧である仕事を失う可能性がありますし，経営者ならビジネスが破綻することもあるでしょう。おめでたいことは前もってわかるが，不幸は突然やってくる，といわれます。準備できる慶事とできにくい不幸という2種類のライフイベントに対して，人々はどう考え，どの程度，どのような対策をとっているのでしょうか。

　生命保険文化センターの「生活保障に関する調査」[11]の結果を通じて，性別や年齢などの違いも踏まえ，これらの点について考えていきます。なお，この調査における「生活設計」は，回答者自身や家族の将来をどのようにしたいか，そのための経済的な準備をどうしたらよいかについての計画，という意味合いです。この本のテーマである，キャリアデザインと同様といえるでしょう。

　生命保険文化センターは，生命保険制度に関する消費者啓発・情報提供活動，学術振興事業，調査・研究活動などを行っている公益財団法人です。以下で紹介する「生活保障に関する調査」は，全国の18〜69歳を対象として，生活設計に対する意識や現状，生活保障に対する意識，および生命保険の加入状況などの保障準備の現状について整理しています。1987年から3年ごとに行われており，ここで参照する調査は2019年に実施されました。

　表1-2に示されているように，調査回答者全体で見ると，「生活設計あり」が37.0％であるのに対して，「なし」は55.7％でした。「あり」

表1-2　生活設計の有無　　　　　　　　　（Nは人数，その他の単位は％）

	N	生活設計 あり	生活設計 なし	わからない
全　体	4,014	37.0	55.7	7.3
性　別				
男性	1,765	37.2	54.8	8.0
女性	2,249	36.9	56.3	6.8
年　齢　別				
18 ～ 19 歳	82	17.1	62.2	20.7
20 歳代	402	22.9	65.4	11.7
30 歳代	679	37.1	54.8	8.1
40 歳代	948	38.1	55.8	6.1
50 歳代	900	39.8	53.8	6.4
60 歳代	1,003	40.7	53.3	6.0

（出典）公益財団法人生命保険文化センター「令和元年度「生活保障に関する調査」」2019 年 12 月

と「なし」の割合は，性別による差はほとんどありません。しかし，年齢別で見ると，18 ～ 19 歳では 17.1％にすぎませんが，20 歳代になると 22.9％へと増加。その後，年齢とともに上がっていき，60 歳代では 40.7％に達しています。

　ここでは表として示していませんが，「生活設計の期間」についての回答を見ると，回答者全体で「5 年以下」が 5.7％です。そして，「6 ～ 10 年」が 21.8％，「11 ～ 15 年」が 8.6％ ，「16 ～ 20 年」が 28.0％，「20 年超」が 25.9％となっています。男女による差はあまりありませんが，年齢別では 18 ～ 19 歳については 10 年以下が 3 分の 2 を占めているのに対して，30 歳代と 40 歳代については 16 年以上が 6 割を超えています。

一方，20歳代は，10年以下が4割ですが，20年超も3割を超えており，二極化しています。60歳代は，15～20年以下が最も多く，3分の1を上回っています。

❖慶事で示唆される年齢の相関関係と女性の経済力に伴う不安感

「生活保障に関する調査」では，表1-3で示したように，回答者が将来のライフイベントとして考えていることを「その他」を含め，10項目に分けて尋ねています。なお，複数回答可なので，各項目の最大値は100％です。男女差はあまり見られませんが，年齢別ではかなり違いがあることがわかります。就労，進学，結婚，出産などが15～19歳，20歳代，30歳代，老後の生活の充実は50歳代，60歳代が高い割合を示しています。これらのライフイベントと年齢の間に相関関係があることは，容易に想像できるでしょう。

しかし，伝統的な生活設計から考えると，「違い」を感じる項目もあります。例えば，18～19歳と20歳代の結婚，出産，子どもの教育への回答の割合は，最も高いのが20歳代の結婚で5割を超えていま

表1-3　想定される将来のライフイベント　　　　　　（Nは人数，その他は複数回答可で単位は％）

	N	就労・再就職・転職・独立開業	進学・資格取得	結婚・再婚	出産・子どもをもつ	子どもの教育	住宅の購入や増改築	車などの耐久消費財の購入	趣味の充実	老後生活の充実	その他	考えていることはない	ライフイベントの平均個数
全体	4,014	23.8	18.8	21.9	16.8	31.3	20.4	23.2	33.7	56.1	1.4	9.6	2.5
性別													
男性	1,765	24.6	18.6	22.8	16.0	29.6	19.3	24.1	34.8	50.4	1.1	11.4	2.4
女性	2,249	23.1	18.9	21.3	17.5	32.6	21.2	22.5	32.8	60.5	1.7	8.1	2.5
年齢別													
18～19歳	82	59.8	46.3	43.9	36.6	25.6	20.7	24.4	26.8	18.3	0	11.0	3.0
20歳代	402	38.3	23.1	52.5	44.3	37.1	30.6	31.6	42.8	28.4	0.2	6.2	3.3
30歳代	679	30.8	30.3	23.4	28.3	63.3	32.3	32.8	31.7	47.6	0.1	4.6	3.2
40歳代	948	27.5	30.2	22.2	13.6	51.2	19.3	29.2	31.0	52.1	0.5	7.1	2.8
50歳代	900	21.3	11.9	20.1	11.7	15.5	18.4	19.0	33.4	67.1	2.1	10.7	2.2
60歳代	1,003	8.9	2.3	8.4	4.1	3.5	10.9	11.2	34.8	69.9	3.2	15.6	1.6

（出典）公益財団法人生命保険文化センター「令和元年度「生活保障に関する調査」」2019年12月

すが，子どもの教育を意識している 18 〜 19 歳の割合は 4 分の 1 にすぎません。20 歳以下の人々の間で結婚や出産をライフイベントとして考えていない人が少なくないことは，生涯独身や DINKs を志向する傾向の広がりを示しているのかもしれません。また，進学・資格取得を見ると，いずれも 18 〜 19 歳がトップです。一方，この割合は，20 歳代で低下しますが，30 歳代と 40 歳代で再び増加しています。このことは，第 1 節で見た「ライフシフト」においてグラットンとスコットが必要性を訴えている，無形資産のひとつ，仕事に役立つ知識やスキルの生産性資産を形成する動きが生じていると考えることができるのではないでしょうか。

「生活保障に関する調査」では，表 1 - 4 で示したように「生活上の不安項目」についても，複数回答可で尋ねています。ここでいう「生活上の不安」とは，現在の生活だけでなく，将来に向けての不安も含めています。具体的には，「その他」と「特に不安はない」以外に，10 項目の自分や配偶者の死や病気などの不安の内容から選ぶように求めています。

表1-4　生活上の不安項目　　　　　　　　　　　　（Nは人数，その他は複数回答可で単位は％）

	N	自分の不慮の死により家族の者に負担をかけること	家族の者が死亡するようなことが起こること	自分が病気や事故にあうこと	家族の者が病気や事故にあうこと	自分の介護が必要となること	親の介護が必要となること	配偶者の介護が必要となること	年をとって体の自由がきかなくなり，病気になること	老後の生活が経済的に苦しくなること	交通事故などの事故を起こしたり，相手にケガを負わせたりすること	その他	特に不安はない
全体	4,014	31.6	37.6	58.6	54.3	46.1	39.6	32.3	43.0	43.8	30.5	0.6	7.1
性別													
男性	1,765	34.9	32.1	57.4	47.3	41.6	37.6	26.1	39.3	39.5	29.1	0.8	9.3
女性	2249	29.0	42.0	59.6	59.9	49.7	41.3	37.2	45.9	47.1	31.5	0.4	5.4
年齢別													
18〜19歳	82	15.9	36.6	32.9	37.8	13.4	25.6	7.3	17.1	18.3	30.5	3.7	28.0
20歳代	402	26.4	43.0	56.2	55.0	26.9	44.0	12.7	25.9	35.8	33.6	0.5	10.4
30歳代	679	37.8	47.1	61.9	62.3	38.0	53.6	30.0	36.4	45.1	35.9	0.9	7.2
40歳代	948	40.7	44.0	62.1	60.2	43.9	53.8	34.9	42.7	50.4	33.9	0.3	4.6
50歳代	900	30.0	33.8	59.7	53.0	55.8	40.2	37.7	50.1	49.7	28.8	0.4	4.8
60歳代	1,003	23.5	26.6	55.2	45.7	55.5	15.7	36.4	50.3	36.6	23.8	0.7	8.5

（出典）公益財団法人生命保険文化センター「令和元年度「生活保障に関する調査」」2019 年 12 月

表1-3の将来のライフイベントへの回答では，男女差はほとんどありませんでした。しかし，生活上の不安については，全体として男性に比べ，女性の不安感が大きいことがわかります。これは，女性の経済力と関係している可能性が示唆されます。例えば，「自分が病気や事故にあうこと」への不安は，男女ともほぼ同じ割合です。しかし，「家族の者が死亡」または「病気や事故」にあうことという項目の「家族の者」を配偶者と仮定すれば，女性にとっては夫の死や病気，事故が家計に大きく打撃を与えると考えるのではないでしょうか。逆に「自分の不慮の死による家族への負担」については，女性の不安感は男性より低い割合です。

　同様のジェンダー問題が関連していると考えられる項目に「配偶者の介護」や「老後の生活」などがあります。妻より夫の方が年長の家庭が多いことを考えれば，要介護になるのは夫が先になる可能性が高く，そうなれば「配偶者の介護」は事実上，妻による夫の介護です。年金生活の夫婦の場合，夫が先立つと，残された妻は，老齢年金から遺族年金に切り替わります。その結果，受給額は大きく減少してしまいます。一方，「親の介護」については，妻の不安感が高いとはいえ，夫との間にそれほど大きな差はありません。表1-4では示していませんが，「親の介護」に関して，30歳代と40歳代の男性のほぼ半数は不安を感じています。夫も，自分の親は自分が面倒を見なければならない，と覚悟を決めつつあるのかもしれません。

　このように，ライフイベントを慶事的な項目と不安に感じるものに分けた場合，前者における男女差はそれほど大きくありません。けれども，後者は，男女差が際立つものが多く見られます。この現実は，多くの男性に対して，「病める時も健やかなる時も……」という言葉を思い出す必要がある，と語りかけているのではないでしょうか。

4 ファイナンシャルプランニングの重要性の高まり

　子どもや若者にも，金融教育が必要だという考えがあります。私たちは，何らかの形でお金を得て，そのお金を使うことを通じて，生活しているからです。さらにいえば「ライフシフト」でも示されているように，「人生100年時代」においては，さまざまな方法でお金を得ることに加え，長い引退生活のために，その一部を貯えていかなければなりません。このため，金融教育の重要な構成要素の一つに，キャリア教育との関係があげられています。この節では，この点も踏まえ，前節で見たライフイベントなどと絡めながら，キャリアデザインにおいてお金をどう捉え，活用していくことが求められているのかなどについて，考えていきたいと思います。

❖給与明細書から読み取れるライフイベントへの備え

　会社や政府機関，各種団体など（以下，会社）に所属せず，独立して事業を行う人のことを，フリーランス，あるいは自営業といいます。いわゆる，働き方改革で増えているといわれていますが，2019年度の中小企業白書によれば，フリーランスの人口は440万人，全就労者の7%に止まります。したがって，会社で働いている人の圧倒的多数は，被雇用者といえます。会社や政府機関，各種団体などに雇われている人のことです。派遣社員の場合は，人材派遣会社に雇われ，派遣先の会社で働くという形になります。なお，雇われて働いている人を，雇用者と呼ぶこともあります。しかし，この本では，雇われている側を被雇用者，雇う側を雇用者としていきます。

　被雇用者は毎月，給与明細書を会社などから受け取ります。給与明細書の発行自体は，労働基準法には発行義務は示されていませんが，所得税法には交付が義務付けられているからです。また，健康保険法，厚生年金保険法，労働保険徴収法には，給与計算上の根拠を示した計算書の

発行が義務付けられています。最近の給与明細書は，紙ではなく，インターネットによるウェブ明細も増えてきました。給与明細書は，大別して以下の3つの項目で構成されていますが，これらは，キャリアデザインを考えるうえで重要な内容です。

1. 勤務（勤怠）：働いた日数や時間
2. 支給：会社から支払われる給与の内訳と金額
3. 控除：給与から控除（差し引かれる）の内訳と金額

　最初の勤務（勤怠）は，働いた日数や時間により，支給に影響するので，要チェック事項といえます。ただし，支給と聞くと，「お給料のことでしょう」という答えが返ってくると思います。間違いではありませんが，昇格や降格があった場合を除き，毎月同じ金額が支払われる基本給の他，各種の手当てが含まれます。各種手当は，会社によって異なりますが，時間外労働に対する残業手当や通勤に必要な交通費のための通勤手当，会社が定める資格を保有または取得した場合に支払われる資格手当などがあります。これらは，労働に直接必要，あるいはその対価的な性格が強く，欧米などでも一般的に導入されています。
　一方，日本独自ともいえる手当を支給する会社も少なくありません。従業員の住宅費負担を補助する趣旨で支払われる住宅手当や，配偶者や子どもなどの扶養家族がいる場合に支払われる家族手当が，その代表的なものです。これらは，労働の対価とはいい難いのですが，被雇用者の生活を維持するうえでは助けになります。キャリアデザインとの関連でいえば，賃貸のアパートやマンション，あるいは戸建てや分譲マンションにしても，住宅費は，生活上大きな支出を占めます。また，結婚しても，一方の配偶者の所得が少なければ，他方の配偶者の収入が重要な意味を持ってきます。出産，子育てとなれば，より大きな支出が継続的に必要になります。住宅手当や家族手当の有無，そして金額が気になるゆ

えんです。このように，給与明細における支給の内容は，第3節で述べたライフイベントの慶事的な項目に関連していることが多いといえるでしょう。なお，毎月の給与明細書には記載されていないでしょうが，多くの会社は退職金を制度化しています。これは，ライフイベントの退職後の生活を保障していくうえで大きな意味を持っていることは，改めて指摘するまでもないでしょう。

　では，ライフイベントのもうひとつの側面，すなわち将来の不安に関連する内容については，給与明細からどのように読み取ることができるのでしょうか。これは，以下の控除項目として表されています。

　・会社が加入している健康保険制度の保険料
　・満40歳以上になると自動的に加入する介護保険の保険料
　・会社員や公務員が加入する公的な年金制度である厚生年金の保険料
　・失業したときの生活を安定させるための失業保険の保険料

　これらは，第3節で見たライフイベントのうち，怪我や病気になったり，介護が必要になった場合，あるいは失業などの将来不安に対処するためのものです。いずれも保険料として会社によって控除されています。では，これらの保険で「備えあれば，憂いなし」といえるのでしょうか。現実には「人生100年時代」全体を保障することはできません。このため，民間が提供する医療関係のがん保険や働けなくなった時のための就業不能保険，退職後の備えである個人年金保険などが注目されていることは，日々のテレビコマーシャルなどからも明らかでしょう。

❖ライフイベントへの経済的準備の現状と対策
　「ゆりかごから墓場まで」という言葉を聞いたことがあるでしょうか。
　社会保障制度の充実を形容する言葉です。第二次世界大戦終結直前の1945年7月の総選挙で勝利した，イギリスの労働党のクレメント・ア

トリー政権が掲げたスローガンです。その基礎となったのは，大戦中に発表されたベヴァリッジ報告書（正式名称は「社会保険と関連サービス」）で，1946 年に制定された国民保険法，国民保健サービス法，1948 年国民扶助法などとして具体化されました。

　戦後日本の社会保障制度も，この「ゆりかごから墓場まで」を指針として形作られてきたといわれています。その結果，先に述べたように，会社で働いている人であれば，給与明細書に示された各種の控除を通じたセーフティネットに守られる状態になってきました。とはいえ，それで十分，というわけではありません。「自己責任」が問われる時代になっているのです。第 3 節で紹介したように，生命保険文化センターの「生活保障に関する調査」が，最も重要なライフイベントと最も不安な生活上の項目について検討しています。この調査は，さらに不安に対する経済的な準備状況についても尋ねています。その結果，全体で見ると「順調にできている」（2.7％）と「ある程度できている」（26.9％）をあわせた「できている」は 29.6％と 3 割を切っています。特に，「老後の生活が苦しくなること」への備えは「できている」が 11％にすぎません。年齢別の準備状況全体を見ると，18 〜 19 歳では「できている」が 7％に止まり，20 歳代でも 14％にすぎません。年代が上がるとともに，この割合は高まりますが，60 歳代でも 41.6％となっています。(13)

　こうした状況を見れば，金融教育は不可欠という主張にも納得できるでしょう。この主張を制度化したともいえますが，2022 年 4 月から金融教育が義務化されました。「義務化」と聞くと強制的なニュアンスを受けますが，これまで内容が体系的でなかったため，学習指導要領にしたがい小学校，中学校，高校と一貫性をもたせたと説明されています。この本との関係でいえば，4 つの分野に大別される金融教育のなかに「生活設計・家計管理」や「キャリア教育」が設けられました。

　金融庁は，小中高だけでなく，大学生から社会人までを対象にした，金融に関する教育啓発を進めています。2021 年 3 月に改定された「基

表1-5　ライフイベントにかかるお金とライフプランの例

年代	費目	内容	金額（概算）	出典
20代	就職活動	面接のための交通費・宿泊費など	14万円	ディスコ「キャリタス就職2020」
30代	結婚式	結婚式関係の費用	355万円	リクルートマーケティングパートナーズ「ゼクシー　結婚トレンド調査　2019年調べ」
	出産	出産関係の費用	51万円	国民健康保険中央会「出産費用平成28年度」
40代	住宅購入費（新築）	購入費や税金、登記費、維持管理・修理費など	建売り3442万円　マンション4437万円	住宅金融支援機構「2018年度フラット35利用者調査」
50代	教育費用	学校教育や塾、習い事	1033万円	文部科学省調査より金融庁が試算
60代以降	老後の生活費	生活費	26万円（1か月）	総務省「家計調査年報2018年」
	介護費用	介護関係の費用	17万円（1か月）	厚生労働省「平成30年度　介護給付費実態調査の概況」
その他	緊急資金	病気、怪我、失業などの緊急時用	生活費の3か月から1年分	日本FP協会HP「主なライフイベントにかかる費用の目安」

（出典）「基礎から学べる金融ガイド」を参考に筆者が作成

礎から学べる金融ガイド」⁽¹⁴⁾は，そのひとつです。このガイドブックには，「ライフイベントにかかるお金とライフプラン」が図で示されています。これを表の形で簡潔に整理したのが，表1-5です。

　表1-5は，それぞれの年代に応じて，ライフイベントに費やされている金額を基礎に作成されています。もちろん，結婚・出産・住宅購入・教育費用などは，結婚するかしないかをはじめとした，ライフプランにより大きく異なります。これを参考にして，皆さんが考えているライフプランにあてはめて，一人ひとりの「お金の人生設計」を作成してみることをお勧めします。その際，この表では示していませんが，年代ごとの収入をどの程度見込むのかについても，あわせて考えておくことが必要です。

5　「自分探し」で発見する「自分らしさ」と「個人化」

　年配の親に対して，「もう，お父さん（またはお母さん）も年なんだ

から，こうしてくれないかなぁ」と頼む中年の息子と娘。「「老いては子に従え」というからな……」としぶしぶながら，子どもの意見を受け入れる，親。テレビドラマで，しばしば出てきそうな会話です。

自分らしいキャリアデザインについて考えるこの章を，今日では女性差別と批判されるようなこの言葉で締め括ろうということではありません。ご存じの方もおられると思いますが，この言葉は，前漢の時代の儒学者「戴徳」が書いた，女性に対する儒教「三従」の理論です。同様の言葉は，仏教の五障三従でも示されています。三従とは，女性が従うべきものとされた三つの道のことです。「父の家に在りては父に従ひ，夫の家にゆきては夫に従ひ，夫死しては子に従ふ」ように求めています。このため，女性は「身を終るまで，我のままに恣に事を行ふべからず」と戴徳が述べているように，女性に対して父親や夫，そして子に従うことを求め，自立を否定している言葉ともいえます。すべての女性が，三従を受け入れてきたわけではありません。例えば，NHK の大河ドラマの主人公の多くは男性です。しかし，幕府を開いた源頼朝の妻の北条政子や足利義政の妻・日野富子，豊臣秀吉の正妻・ねね，「幕末のジャンヌダルク」と呼ばれた新島八重など，歴史を切り拓いた女性の姿も描き出されています。

とはいえ，多くの女性は，三従以外の生き方を考えられたのでしょうか。むしろ，家族の中の娘，妻，そして母としてよい生き方であり，そうあるべきと思っていたのではないでしょうか。なぜなら，三従を受け入れてきた時代の人は，家族や社会のなかで生まれながらの役割を持ち，それに応じて生きることが当然視されてきたからです。家族でいえば女性や男性，社会でいえば武士や農民を例にあげることができます。

しかし，現在は，違います。性別や出自に関わらず「どのように生きるかは，あなた次第」なのです。ここで，自己決定権と自己責任が生じてきます。ここでいう自己決定権とは，自分の生き方を自分で選択できるということで，自己責任はその選択の結果は選んだ人自らが負う，と

いう考えです。以下，この考えの背景にある個人化と，自己決定に関わる自分探しという概念を踏まえながら，キャリアデザインについて考えていきます。

❖個人化による自己責任の発生

　自己責任という言葉が日本で広く用いられるようになったのは，1990年代の後半といわれています。では，その頃，何があったのでしょうか。

　阪神淡路大震災が1995年1月に発生し，6434人が犠牲になりました。また，1990年代前半のバブル崩壊後，金融機関では不良債権問題が深刻化して，1997年11月，山一証券が自主廃業を発表しました。負債総額は3兆円にのぼり，7500人の社員は職を失うことになったのです。阪神淡路大震災の被災者への生活再建をめぐる議論において，焦点のひとつとなった，被災者の住宅は私有財産です。それを国が税金を投入して救済することはできない，金融機関の不良債権問題は経営の失敗であり支援の対象外だと政府は主張したのです。この議論の中で，自己責任や自助努力という言葉が多用されました。その後，2004年5月にイラクで邦人人質事件が起こりました。イラク戦争後にイラクに入国した日本人が現地の武装勢力により誘拐され，人質として拘束された事件です。この時，拘束された日本人に対して「自己責任論」が展開されました。その結果，自己責任が流行語大賞のトップテン入りをしたことをご記憶の方もいるかもしれません。これら3つの出来事は，かなり性格が異なります。にもかかわらず，自己責任という同じ言葉で非難や反対の声が出てきたのはなぜでしょうか。さまざまな理由が考えられますが，ここでは個人化という概念との関係で検討していきます。

　といっても，「個人化って何？」という人が少なくないと思います。社会学でしばしば用いられている概念ですが，研究者の間でもまだ共通の定義ができていないようです。ドイツの社会学者，ウルリッヒ・ベックの『危険社会——新しい近代への道』[15]という本の中で，しばしば引用

されるので，興味のある人は，手に取ってみてください。なお，以下の個人化の考えは，個人化に関するさまざまな理論や主張を踏まえたうえでの，筆者による私見です。

　今日の社会においては，国籍や選挙権・被選挙権，さまざまな社会的経済的な権利などは，主として何らかの制度に基づき，大は国家，そして会社や学校，最小単位となる家族などの社会集団を通じて個人に保障されています。例えば，国籍が保障されることで，国民としての権利が守られます。会社を通じて生活の糧を得るための仕事，学校に通うことで働くことを含めた生活のための知識やスキルを取得していくことができます。家族は，会社で得たお金を持ち帰り，生活が可能になるような仕組みとして機能しているといえるでしょう。

　こうした社会集団のあり方は，時代とともに変化していきます。これまで，生活の糧を得るためには会社が大きな役割を持っていました。しかし，個人化が進むと，フリーランスのように，会社に依存しない働き方が広がり，会社の一員としての被雇用者とその家族が享受できた月々の報酬だけではなく，健康保険のような国家が運営する仕組みに入れない，あるいは入りにくい人も出てきます。会社で働くか，フリーランスになるか，それはあなた自身が決めることができるのです。この自由を得る一方，それは「選んだあなたの責任だ」という原則が生まれてきます。これが，個人化に伴う自己責任の一例ということでしょう。

　こうした主張に違和感を持つ人も少なくないでしょう。政府は，困難な状況にある人や組織を助けてくれる存在，という考えが存在するからです。たしかにそういう考えも「ありました」。ここで「ありました」といったのは，そう考えられていた時代があったという意味です。やや極端な言い方になりますが，前節で述べたイギリスの「ゆりかごから墓場まで」は，医療や社会福祉に関するさまざまな制度を，人々が働く場，すなわち会社などを通じて，政府が全面的に守ることの表明でした。しかし，財政難に対応した新自由主義の考えの下で，政府は国民に対して

も，全面的に守ることはせず，あるいはしないで，最低限の保障を行う一方，追加的に必要なことは自分で行う，つまり自己責任の論理が前面に出てきたのです。

❖個人化の時代における自分探しの重要性

このように，個人化に伴う社会集団の役割の変化は，事実上の政府の役割の縮小と個人への移転という形で表れてきます。その結果，移転された役割をうまく果たせる人と，果たせない人が生まれます。しかし，これは，一人ひとりの行為の結果であり，自己責任だとして処理されるようになったのです。かなり冷酷な話のように聞こえるかもしれません。けれども，一人ひとりが個人として選択が可能になったとして，個人化のポジティブな側面と考えることもできるでしょう。この節の最初に取りあげた「老いては子に従え」の例で考えてみると，次のようになります。子どもが父親（あるい母親もしくは両親）に従うかどうかは，子ども自身の判断です。女性が結婚しても，夫の考えにあわせた生き方をするのか，自立した女として暮らすのか，それも女性自身が選択して決めることです。そして，年を取ってから女性がどう生きるかについて，子どもに決めてもらう必要はありません。老いても「子どもの世話にはならない」と選択することもできるのです。

このように自らの選択を通じて，生き方を決めていくことについて，皆さんは，どう思いますか。「自由でいい！」という人もいれば，「私には無理……」と引いてしまう人もいるでしょう。人それぞれですが，このような状況における選択肢は，大きく2つに分けることができます。ひとつは，目標を設定して，失敗を恐れず，チャレンジすること。もうひとつは「大勢に従う」ことです。

個人化が進んだ今日におけるキャリアデザインは，前者，すなわち目標を設定して，失敗を恐れず，チャレンジする道筋を描くことといえるでしょう。そして，目標を決めるには，目標につながる自らの生き方が

はっきりしていなければなりません。換言すれば，自分らしい生き方を知らなければならないということです。そのためには，自分探しが必要になってきます。

　自分探しは，教育や仕事，つまり学校や会社の選択だけにとどまりません。皆さん一人ひとりが自覚しているかどうかは別として，家族を通じた生き方への意識が大きく変化しているため，どのような家族をつくりたいのかについても，キャリアデザインに盛り込まなければならないのです。

　表1–6をご覧ください。NHK放送文化局が実施した，調査結果[16]をまとめたものです。1973年から2018年までの45年間に，社会や経済，政治，生活など，人々の幅広い意識を長期的に追跡した調査です。表1–6では，このうち家族観に関連した内容を中心に取りあげました。

　ご覧いただくとおわかりのように，1973年から2018年の間に，結婚について「するのが当然」が45％から27％へと半分近くに減っています。結婚後の子どもについても「もつのが当然」が54％から33％へと大幅に減少しています。換言すれば，日本でもDINKsが増えているのです。家庭と女性の職業についてはどうでしょう。これは，「両立」がよいという回答が20％から3倍の60％へと急増しています。「両立」を

表1-6　日本人の意識の変化（1973年と2018年の比較）

質問内容	選択肢	1973年	2018年	増減割合
家庭と女性の職業	両立	20%	60%	40%
女の子の教育	大学まで	22%	61%	39%
男の子の教育	大学まで	64%	72%	8%
夫の家事手伝い	するのが当然	53%	89%	36%
婚前交渉	愛情があれば可	19%	47%	28%
理想の家庭	家庭内協力	21%	48%	27%
結婚をすること	するのが当然	45%	27%	-18%
結婚して子どもをもつこと	もつのが当然	54%	33%	-21%
老後の生き方	子や孫と一緒に和やかに	38%	23%	-15%

（出典）NHK放送文化研究所「「日本人の意識調査」にみる45年の変化」から筆者が作成

よいという回答の増加は「夫に従う妻」という考えが大幅に減少していることを意味しています。「老いては子に従え」については，どうでしょうか。この問いに近い選択肢として考えられる「子や孫となごやかに暮らす」は，妻だけではなく，夫婦としての回答ですが，15 ポイントも減少しています。また，表には含めていませんが，「自分の趣味をもち，のんびりと余生を送る」と「夫婦二人で，むつまじく暮らす」をあわせると，半数を超えています。

　皆さんは，どのような結婚観や家庭像，あるいは老後の暮らしについてのイメージをいだいているでしょうか。表１−６以外の質問内容も含め，いろいろな考えがあると思います。その考えを実現させていくためには，先にあげた教育や仕事をどうしていくか検討していくことが必要です。そのための社会状況のあり方や将来の見通し，あるいは法律を含めたさまざまな制度，さらに「自分らしさ」を生かしたキャリアデザインのつくり方などについては，次の章以降で紹介していきます。

　この章の最後に，皆さんが，自分らしい人生を築いていくことを願って，次の言葉を贈ります。

To do is to be.
自分が成りたいものになるよう行動せよ。
　　──ソクラテス（Socrates）

---

(1)　厚生労働省「人生 100 年時代構想会議の中間報告」https://www.mext.go.jp/b_menu/shingi/chukyo/chukyo4/042/siryo/__icsFiles/afieldfile/2017/12/27/1399988_06.pdf，2023 年 7 月 25 日アクセス

(2)　内閣府「令和 3 年版高齢社会白書」https://www8.cao.go.jp/kourei/whitepaper/w-2021/html/zenbun/s1_1_1.html，2023 年 7 月 25 日アクセス

(3)　「介護のほんねニュース」2021 年 02 月 15 日，https://www.kaigonohonne.com/news/article/1463，2023 年 7 月 25 日アクセス

(4) 文部科学省「学校基本調査（高等教育機関・卒業後の状況調査）」，https://www.e-stat. go.jp/stat-search/files?page=1&layout=datalist&toukei=00400001&tstat=000001011528&cycle=0&tclass1=000001161251&tclass2=000001161252&tclass3=000001161260&tclass4=000001161261&tclass5val=0，2023 年 7 月 25 日アクセス

(5) まち・ひと・しごと創生本部「まち・ひと・しごと創生総合戦略（2015 改訂版）全体像」，https://www.chisou.go.jp/sousei/info/pdf/h27-12-24-siryou1.pdf，2023 年 7 月 25 日アクセス

(6) 西岸良平の漫画『三丁目の夕日』を原作とした，1958 年の東京の下町が舞台の日本映画。山崎貴監督の作品で，配給は東宝，公開は 2005 年 11 月。

(7) 総務省「住民基本台帳に基づく人口，人口動態及び世帯数（令和 4 年 1 月 1 日現在）」，https://www.soumu.go.jp/main_content/000829114.pdf，2023 年 7 月 25 日アクセス

(8) 日本経済新聞の見出し，2022 年 8 月 9 日 20:15（2022 年 8 月 10 日 5:06 更新），https://www.nikkei.com/article/DGXZQOUA089K00Y2A800C2000000/，2023 年 7 月 25 日アクセス

(9) パーソル総合研究所「就業者の地方移住に関する調査報告書（調査名：地方移住に関する実態調査）」，2022 年 3 月，https://rc.persol-group.co.jp/thinktank/assets/migration-to-rural-areas.pdf，2023 年 7 月 25 日アクセス

(10) 厚生労働省「健康日本 21（総論）」，https://www.mhlw.go.jp/www1/topics/kenko21_11/s0.html，2023 年 7 月 25 日アクセス

(11) 公益財団法人生命保険文化センター「令和元年度「生活保障に関する調査」」，https://www.jili.or.jp/research/chousa/1321.html，2019 年 12 月，2023 年 7 月 25 日アクセス

(12) 中小企業庁「2019 年度中小企業白書」，https://www.chusho.meti.go.jp/pamflet/hakusyo/2019/PDF/shokibo/04sHakusho_part2_chap2_web.pdf，2023 年 7 月 25 日アクセス

(13) 公益財団法人生命保険文化センター「令和元年度「生活保障に関する調査」」，https://www.jili.or.jp/research/chousa/1321.html，2019 年 12 月，2023 年 7 月 25 日アクセス

(14) 金融庁「基礎から学べる金融ガイド」，https://www.fsa.go.jp/teach/kou3.pdf，2021 年 1 月，2023 年 7 月 25 日アクセス

(15) 東廉訳，法政大学出版局，1998 年

(16) NHK 放送文化研究所「「日本人の意識調査」にみる 45 年の変化——昭和から平成へ日本人はどう変わったか」2019 年

東儀秀樹さん

雅楽師

1959年東京生まれ。東儀家は，奈良時代から今日まで1300年間雅楽を世襲してきた楽家。宮内庁楽部在籍中は，篳篥を主に，琵琶，太鼓類，歌，舞，チェロを担当。国内外を問わずコンサートを開催し，雅楽器の持ち味を生かした独自の表現に情熱を傾ける。2021年デビュー25周年を迎え，異なる分野の様々なアーティストとコラボレーションを行うなど精力的に活動。2023年3月29日，"プログレッシブ雅楽"をテーマにした壮大かつ金字塔的なニュー・アルバム「NEO TOGISM」リリース。

HP : togihideki.net　　Twitter : @htogi999

自分を信じること

平岩：私は，東儀さんのコンサートやCDを聞いて，雅楽や篳篥の素晴らしい音色を知りましたが，東儀さんはいつ頃から「音楽のプロ」になろうと思っていたのですか。

東儀：音楽というと，かなり幅広い答えになってしまうんですけど，音楽家になりたいと思ったのは中学の終わり頃ですね。ずっとギターを弾いたり，ロックやジャズのバンドをやったりしていたので。物心ついた時から音楽に関する感覚があって，聞いたことがある曲なら譜面がなくても伴奏付きで全部ピアノが弾けていました。その頃から，音楽のことだったら誰にも負けないという感覚がありま

したが，音楽家になりたいという気持ちは，まだその頃はなくて。子どもの頃は「プロゴルファーになりたい」「絵描きになりたい」といっていましたね。

平岩：では，東儀さんが雅楽をはじめられたきっかけを教えていただけますか。

東儀：僕は小さい頃，海外に住んでいた経験があるのですが，海外にいると日本人であるということが浮き彫りになって，まわりの外国人が日本のことを誤解した場合，正当なことを伝えたいと思ったり，誤解を解きたいと思ったりして躍起になっている自分がいました。たったひとりの日本人である自分が，外国では，日本という表札になっているような，大

きな責任とか誇りとかを子どもながらに感じていました。そういう経緯もあって，日本人が日本の文化を背負って立てるって，すごいことだし，やりがいがあることだなと感じていました。小さい頃から，東儀家って雅楽の家ということは意識として知っていたから，自分が一番やるべきところはそこなのかもしれないって，すっと思えたんですよ。家の何々をやるために好きな何々をあきらめましたとか，環境のせいにする人がいますが，僕はものごとってひとつに決めることないじゃないかって思っています。雅楽もやるけどロックもやったらいいと思っていたし，何だって好きなことを，力があれば5つや6つ同時にできるんだからと思います。あんまり深刻に考えないで，とりあえず，やってみないことには何もわからないだろうと，やる前からグタグタいってもしょうがないと思ってやってみました。19歳ぐらいの時に入門して，ゼロから雅楽をスタートしました。

平岩：子どもの頃や学生時代は，将来に不安を感じることはなかったですか。

東儀：不安を感じることは何もないです。僕は楽天的な人間で，これだけのことをやったのだから大丈夫っていうこともなく，いつでも大丈夫って思えるんですよ。その場に直面した時に，判断する自分を完全に信じきっていて，どうにか道を見つける器用さをもっていると自負していて，それが経験上でもなく，努力

したからっていう意味でもない自信なんですね。若い頃は，いろいろ夢を見ていたけれど，不安なことはなかったですね。やっていれば何か道は見えてくるだろうと，いつも思っていました。やる前に考えてみたって何も出てこない。やるからぶつかる，やるから開ける，やるからわかる，知るっていうことだから。やっていれば，動いていたらいいんだっていう感覚で，どんなに難しいことでも「君には無理だ」っていわれても，僕には何も大変なことには感じなくて，何の抵抗も感じませんでした。

平岩：学生さんや若い方の中には，将来に不安を抱えたり，ポジティブに考えられない人もいるのですが，アドバイスなどありますか。

東儀：不安というのは，いつも自分がだめな方向を想像するから不安なんですよ。自分の能力を，まだ自分の知らない状況の方が多いと思うんですよ。ましてや他人なんか，もっと知るよしがないから。プラスもマイナスもない，いつもニュートラルなんだっていう，自分を信じることが，まず大事だと思っているんですね。「さて，どっちに向こうか」っていう時に，多くの人がネガティブなマイナスの方にもっていきたがるんですよ。それが「何でなんだろう」って聞いても，答えがないんですよ，「わからない」って。同じわからないのであったら，プラスに向くことを目標とするだけで，もう一歩，

ぜんぜん違ってくると思うんですよ。

平岩：どうすれば，プラスに考えられる
ようになりますか。

東儀：マイナスなことって考えやすいん
だけど，ものごとって，自分が見ている
サイドと人が見ているサイドってぜんぜ
ん違うように，自分の一カ所だけを見な
いで，まわり込んで見るとかね。自分の
ことを振り返って見てみるとか，見方を
変えた瞬間に，プラスにいける何かに出
会えることになると思うんですよ。自分
がどういう発想をするかとか，何に向い
ているかって，自分も他人もわからない
ことなんだから。止まったら一生わから
ないわけで，動いて自分を知るっていう。
不安がって止まっているよりも，チャレ
ンジして動いている人はプラスを掴むと
いうことですよね。チャレンジして失敗
したらどうしようって思うよりも，チャ
レンジして失敗したっていうことは，新
たな価値観をまた取り入れるっていうこ
とだと思えば，失敗っていうのも，経験
上ぜったいに悪いことはひとつもないこ
とだって考えることができる。信じこむ
ことができれば，失敗に怖さはなくて失
敗を克服できると思います。自分が「で
きているビジョン」を楽しむっていうこ
とが大事だと思います。

平岩：この本は「自分らしく生きる」を
テーマにしているのですが，東儀さんは，
自分らしく生きるということに，どのよ
うなイメージをもたれていますか。

東儀：日本にありがちなんだけど，みん
なと一緒じゃないと不安になってしまう
というのがありますよね。何をするにも
足並み揃えているのが安心っていう。自
分らしくっていうのは，人と違う自分を
誇りに思えること。自分は人と違う意
見を感じたけれど，それを発することで，
絶対ほめる人が一人いる。それは自分。
他人は笑っても，自分で自分をほめてあ
げることができると思った瞬間に，自
信になると思うんですよね。人と違うと
いうことを，いいも悪いも自分の個性で，
それが生かされる方向って世の中にあ
るって信じこむことですね。自分じゃな
きゃいけない手段っていうのを，わかっ
てくれる道って絶対あるって信じること
で，それに誇りをもつ。人と違うことは
いいことなんだって思えたら，進みやす
いんだと思いますね，「自分らしさ」を。

平岩：自分らしく，やりたいことを見つ
ける方法について，大切だと思うことは
ありますか。

東儀：自分が何に向いているのか，自分
がわからない時に「何かこの人ワクワ
クしているな」っていう人，いるじゃ
ないですか。その人がやっていること
を自分に置き換えてみて，自分だったら
どうしたかなって想像をしてみる。例え
ば，何かつくる人だったら，自分だった
らこの素材をどうやっていじるだろうっ
て考えてみたり。テレビを見ていてもい
いし，街中で出会った人の動きでもいい

し，いつも自分に置き換えて「自分だったら」ってやっていると，何か「やってみちゃおうかな」っていうものに当たると思うんですよ。あるいは，わからなかったら，片っ端から人のまねをしてみる。何でも試してみて，向いているも向いていないも，やってみなきゃ分からない。不器用でも何でもやってみることで，上手くいかなくても，それを何とかしたいなと思うことがあると思うんですよ。「ダメだから止める」じゃなくて「止めたくないな，ダメだけど」っていうものが出てくると思います。それが「できる」「できない」じゃなくて向いていることになるから，そこから育てる道だと思います。とにかく止まっていたら自分を知ることはできないから，キョロキョロして，自分に置き換えていくっていうのも，見つけ方の一つだと思います。

平岩：最後に，読者である皆さんにメッセージをお願いします。

東儀：どんな場所でも，どんな状況でも，自分をめちゃくちゃ大切にしてもらいたいです。自分のことを好きになるっていうことは，人を好きになる近道だと思います。自分を卑下していたら，人にも疑いの目を向けてしまうし，自分を好きになって「こんな自分だけれど，これで自分は満足なんだ」「私はこれでいいと思っている」って人は，人のことを見てあげる余裕が出てくると思います。そうなるとコミュニケーションも円滑になるから，とにかく自分を好きになってもらいたいです。自分を好きになるためには，じっとしているだけではなかなか好きになれないから，何か面倒くさいなと思っても，ちょっと面倒くさいを止めて，動いてみると「ああ，自分，動いたな」って，それだけでも自分を好きになれるから。自分を好きになると，良い結果になっていくと思います。

平岩：自分を「信じ」「好きになり」そして「大切にする」。この3つの言葉をベースに，東儀さんはご自身のキャリアを歩んでこられたのですね。この本の読者の皆さんも，この3つの言葉をベースに，ぜひ「自分らしいキャリア」を実現してほしいと思います。すてきなメッセージを，ありがとうございました。

第2章
働き方の変化が及ぼすキャリアへの影響

　「人はパンのみに生きるものにあらず」という言葉を聞いたことがあるでしょうか。この言葉は，健康のために食事に気をつけましょうとか，食べたいものが他にもあるという意味ではありません。キリスト教の聖書の「マタイによる福音書」に出てくる言葉です。正確には，「人はパンだけで生きるものではなく，神の口から出る一つ一つの言で生きるものである」の前半を切り取ったものです。筆者は，キリスト教については素人ですが，聖書では，人間を構成しているのは「肉体，魂，霊」であると教えています。この教えを前提にすれば，人間の体は，パン（食べ物）で生きるのですが，魂は，神の言葉，すなわち聖書に記された神の口から出たひとつひとつの言葉によって生きる，という意味だと解釈できます。なお，パン（食べ物）と書きましたが，これは，パン屋さんが作るパンだけを指しているわけではありません。人間が生きるために必要な物質すべてと考えるべきでしょう。衣食住といってもいいと思います。したがって，衣食住のためだけではなく，神の言葉に従って生きていかなければならない，という教えだといえるでしょう。

　とはいえ，人間も生き物です。したがって，衣食住の中でも，生命を

維持するためには，まず食の確保が必要となります。実際，人間は原始時代には狩猟や採集を通じて食べ物を得てきました。その後，農耕や牧畜などが発達，さらに養殖や工場において加工食品の生産などが行われるようになりました。そして，今日では植物工場や野菜工場と呼ばれる自然界から切り離された食物生産の手法も生まれています。このように，食の確保の形態は，変わってきました。しかし，変わったのは，形態だけではありません。原始時代は，自分（たち）で狩りや採集したものを，自分（たち）で消費してきました。農耕や牧畜の時代になると，その一部は，領主など，生産者以外の手に提供されましたが，生産者は自らの生産物で生きてきました。

　では，今日ではどうでしょう。生産者は，生産物の多くを第三者に販売し，その収入で衣食住に必要とするものを商品として購入しています。また，生産物を生み出すのではなく，さまざまなサービスを提供することにより得た収入で生活に必要なものを買う人もいます。したがって，このような時代には，いかに収入を確保するかが重要といえます。筆者の学生時代には，友人の何人かは，コンビニのアルバイトや家庭教師をしていました。お小遣いの一部のためという人もいましたし，学費や生活費の一部に充当する人もいました。卒業後，友人の大半は企業に就職していきました。学生時代の家庭教師はフリーランスかもしれませんが，就職先では雇われて働くことになったと思われます。このような社会的な状態が影響していたのでしょう。働くことは，収入を得るため。働き方は，雇われる形，すなわち被雇用者。こういう考えが一般的でした。就職すれば，終身雇用制度の下で定年まで安定した生活が保障される。しかし，就職というスタートラインに立てなければ「お先，真っ暗……」と，落ち込んでしまう人も少なくありませんでした。

　しかし，21世紀に突入する中で，この状況は大きく変わってきました。「人生100年時代」に対応して定年の延長が進む一方，早期定年制度が導入されてきました。定年が延長されたからといって，安定した生

活が保障されるとは限りません。年齢とともに賃金が上昇する，年功賃金制度も事実上，崩壊しているからです。そもそも終身雇用制度と定年制度の主な対象は，大卒男性の正規職員です。しかし，非常勤や派遣労働者など，非正規労働が大きく増えています。また，副業の推奨のように，仕事先を掛け持ちするような働き方も広がっているのです。このような動きは，より大きくなっていくでしょう。こうした状況は，皆さんがキャリアデザインを考える際の大前提として理解しておかなければなりません。

　以上のような考えに基づき，この章では，キャリアデザインにおける「働き方」に焦点を置いて考えていきます。「働き方」を考えるうえで，まず歴史的に見て人間がどのように働いてきたのか，そしてどのような「労働観」をもち，そして現在もっているのかについて見ておきたいと思います。これが本章の第1節にあたります。第2節では，終身雇用制度について取り上げます。前述のように，この制度は，崩壊しつつあります。しかし，制度として崩壊しつつあっても，学生の就職の希望先として大企業や政府機関の人気が高いことに示されるように，人々の意識においては，確固なまでに維持されているように見えます。大企業や政府機関を目指すことは問題ではありませんが，そこが「定年までの安住の地」とはいえないことを，キャリアデザインにおいて考えていただきたいという気持ちからです。

　このように述べると，終身雇用制度を否定的にイメージしているように感じられるかもしれません。それは，筆者の本意ではありません。ただ，AI（人工知能）の発達により多くの仕事がなくなることが見込まれていることからだけでも，終身雇用制度がそのまま維持されることは困難でしょう。そのため，企業の一部は，地域限定型雇用と呼ばれる雇用の場に着目し，長期にわたる雇用機会の提供を目指しています。第3節では，こうした企業による動きを紹介していきます。第4節では，終身雇用制度に代わる，新たな働き方に着目します。いわゆるメンバー

シップ型からジョブ型への移行だけではありません。両者のメリットを取り入れたハイブリッド型あるいはロール型と呼ばれる制度を含め，最近の動きを幅広く触れていきます。副業のように収入を主眼とした付加的な就労に加え，第二のキャリアを築くためのパラレルキャリアは，新たな働き方であるとともに，そこへの移行を促す仕組みということもできるでしょう。最後の第5節では，こうした新たな働き方へのソフトランディングに向けた取り組みを取りあげます。具体的には，社会人の「学び直し」の方法であるリカレント教育やリスキリングについて，具体的な事例も含めて紹介します。また，定年後が中心ですが，在職中の経験を生かした事業化への支援や退職者の活用などの取り組みについて考えていきます。

1　人類の誕生と働くこと，そして労働観の変遷

「なんで人って働くんだっけ？」

「地球人，働くのやめちゃったら？」

2022年のある日の新聞[(1)]。両面見開きの紙面から，大きな文字で書かれた，こんな言葉が目に飛び込んできました。上の言葉の背後には，親日家として知られるハリウッド俳優トミー・リー・ジョーンズさんが演じる宇宙人ジョーンズ。下の言葉には，シンガーソングライターの中島みゆきさんが演じるジョーンズを地球に派遣した宇宙大統領の顔が映し出されていました。サントリーの缶コーヒー，BOSSの30周年記念キャンペーンの広告です。

「そういえば，BOSSのコマーシャルは仕事に関連したものが多いな」と思われる方もいるでしょう。BOSSのブランドコンセプトは「働く人の相棒」。「いつかは自分もボスになる」という思いを込めて，この名がつけられたからです。トミー・リー・ジョーンズさんが登場する「宇宙人ジョーンズの地球調査シリーズ」が始まったのは，2006年。前述の

30周年記念キャンペーンは，テレビ広告では「禁じられた惑星」篇と呼ばれていますが，シリーズとしては第82弾になります。さまざまな職業人が登場して，喜怒哀楽に富んだストーリーで働く意味を問いかけているように感じます。新聞広告の下には，宇宙大統領が述べた言葉を小さな文字で書き加えています。

　　就職したら定年まで。だったのが，転職すっかり当たり前。価値観だってずいぶん変わってきている。この30年で，でも変わらないこともあって。それは人が今日も働いているってこと[2]。

　この言葉が示すように，過去30年だけでも，働き方や働くことに関する価値観，つまり労働観は，大きく変化しています。とはいえ，人間の歴史は，この30年に止まりません。温故知新というように，働き方や労働観がどのように形成され，変化してきたのかを知ることは，これから皆さんが働き方を考えるうえで必要ではないでしょうか。

❖ 600万年を超える人類の歴史を振り返る
　人間は，どのようにして生まれ，現在に至ったのでしょうか。アメリカの首都ワシントンにあるスミソニアン・インスティテュートの自然史博物館のウェブサイト[3]には，「人類発展双方向型年表（以下，年表）」が掲載されています。この年表によると，歴史上最初の人類は，いまから600万年以上前に誕生したサヘラントロプスです。なお，ここでいう人類とは，人間と同義ですが，直立二足歩行をする点で，他の動物と異なるとされています。人類が道具，とりわけ石器を用いるようになったのは，260万年前くらいです。石器を使うことで，大型動物を狩り，食用にすることができるようになりました。火を使いこなすようになるには，さらに長い時間が必要で，80万年前までかかりました。その後，気候が大きく変動し，この変化に生活を対応させるために頭脳が発達して

いったといわれています。この気候変動の時期と重なりますが，40万年ほど前にホモ・ネアンデルタール，30万年ほど前にホモ・サピエンスが登場します。前者がいわゆるネアンデルタール人で，4万年前に絶滅したといわれていました。しかし，最近の研究で，ヨーロッパ系のホモ・サピエンスの一部がホモ・ネアンデルタールの遺伝子を持っていることが明らかになりました。これにより，ホモ・サピエンスが「唯一の現生人類」とはいえなくなってきています。

　なお，私たち「現生人類」ですが，これはすべてアフリカから長い時間をかけて世界各地に移り住んでいった人々の末裔という考えが今日では定説になってきています。これを「出アフリカ説」といいます。前述のネアンデルタール人の他，ジャワ原人や北京原人のように教科書にも出てきた「原人」も同様です。その意味では「人類は皆，兄弟姉妹」といえるでしょう。

❖先住民への観察から推察される原始時代の働き方

　スミソニアンの年表は，人類が「転換点」を迎えたところで終わっています。いまから1万2000年前とされている時期です。この「転換点」において人類は，植物や動物の成長や交配などをコントロールできるようになりました。要するに，農業や牧畜が始まったのです。「転換点」以前は，いわゆる原始時代で，人類は，狩猟採集生活を送っていました。サヘラントロプスは木の実や果物，野草，小動物が中心の食生活だったのに対して，ネアンデルタール人は，ルヴァロア技法という洗練された石器加工技術を持ち，大型動物も捕獲していたといわれています。

　とはいえ，自然界に存在しているものを採取することで暮らしていたことに変わりはありません。狩猟採集生活の場合，食べ物になる動植物が獲れるか獲れないかわかりません。このため，「転換点」以前の人類である原始時代の人々は，一日中働いていたのでは……，と思われるかもしれません。「食べ物を手に入れるためだけの人生なんて，いやだな

……」という声が聞こえてきそうです。しかし，現実は，異なります。1日当たりの労働時間は，4～5時間程度と，現代人より少ないものでした。筆者自身がタイムマシンで原始時代に行って，見聞きしてきたわけではありませんが，文化人類学者の研究などを見ると，そのようにいえる，ということです。

　例えば，ミシガン大学やシカゴ大学で教鞭をとった，アメリカの代表的な人類学者のマーシャル・サーリンズは，1972年に『石器時代の経済学(4)』という本を出版しました。1960年前後に，狩猟採集民の労働時間に関して体系的に行われた先行研究をサーリンズがまとめ，従来の考えを再考したものです。なお，この本は，1984年に法政大学出版局から邦訳が発行されています。サーリンズが参考にした先行研究は，オーストラリアやアフリカの狩猟採集民の労働に関する調査でした。フレドリック・マッカーシーとマーガレット・マッカーサーのオーストラリアにおける研究，リチャード・リーのアフリカでの研究，ジェームス・ウッドバーンのアフリカでの研究などです。

　マッカーシーとマッカーサーの研究(5)は，オーストラリア北部のアーネムランドという，数万年前から先住民（アボリジニ）が住んでいた地域で行われました。先住民の2つのグループに対して，観察という手法を用いた研究です。マッカーシーとマッカーサーは，アボリジニの狩猟，採集，食事の準備，武器の手入れを含めた成人の労働時間を記録しました。観察地域のひとつ，フィッシュ・クリークの先住民のグループを14日間観察したところ，1日あたりの労働時間は4時間弱でした。もうひとつの地域である，ヘンプル湾のグループについては，7日間観察した結果，1日あたりの労働は約5時間でした。

　先ほど述べた，1日当たりの労働時間は，4～5時間程度というのは，こうした研究結果に基づいたものです。なお，現代人と異なるのは，働く時間の短さだけではなく，働き方にも違いが見られました。少し働いて，必要なものが手に入れば，休みます。暇な時間も休んでいます。昼

寝も日常的に行われます。長い時間働く日もありますが，翌日は短時間で終えることもしばしばだったそうです。このように，働く時間は毎日一定という概念は希薄です。必要以上に働くこともなければ，過重労働もありません。とはいえ，働くことを嫌っているわけではありません。また，食料は空腹を満たすためで，何でもいいということでもありません。多様な食料を調達し，栄養摂取は，量的にも質的にも適切になるように暮らしていました。このような働き方や暮らし方は，オーストラリアだけでなく，アフリカの狩猟採集民でも同様でした。原始時代の人々が皆同じだったとは言い切れないかもしれませんが，しかし，働いて，食べきれない食料を獲ってきたとしても，保管する術はかなり限られます。日々，新しい食料を確保する方が合理的でしょう。

　また，働くことは，エネルギーの消費につながります。したがって，働けば，働くだけ，エネルギーの源となる食料の確保が必要になります。エネルギーを浪費させないためには，休み，寝る時間を多く確保することが理にかなっています。さらにいえば，必要以上に採取すれば，食料となる動植物が枯渇する恐れもあります。野生の動植物との共生という知恵が働いていた，と考えることもできるのではないでしょうか。

❖農耕社会への移行にともなう集団化の拡大と労働の変化

　前述のように，スミソニアン・インスティテュートの人類発展双方向型年表は，いまから1万2000年前人類が「転換点」を迎えたところで終わっています。この「転換点」において人類は，農業や牧畜を開始したのです。では，サーリンズの主張のように，狩猟採集生活において，人々は比較的短い時間働くことで暮らせたにもかかわらず，なぜ，農耕や牧畜を始めたのでしょうか。

　スミソニアンの年表に理由が示されていません。しかし，1万2000年前という時代から見れば，ヤンガードリアスを念頭に置いていると考えられます。ヤンガードリアスとは，最終氷期が終わり，温暖化が始

まった状態から，また急激に寒冷化が生じた現象です。1万2900年前から1万1500年前にかけて北半球の高緯度で起こりました。このヤンガードリアスが農耕の起源につながったという考えは，今日では学術界で広く受け入れられています。例えば，成城大学教授の明石茂生は「気候変動と文明の崩壊」という論文の中で「移動型の狩猟採集生活から定住型の狩猟採集生活に生業を変化させ，最終的には栽培と飼育に代表される農業と牧畜業を創造し発展させていった背景に，晩氷期から後氷期にかけた気候大変動があった⁽⁶⁾」と述べています。

「晩氷期から後氷期にかけた気候大変動」とは，ヤンガードリアスのことです。さらに，明石は，他の研究者の論文などから，1万5000年前の温暖・湿潤化の時代に定住型の狩猟採集生活を営んでいったと指摘しています。そのうえで，気候の寒冷・乾燥化が森林の生産性を低下させ，食糧不足を引き起こした結果，森林と草原の狭間の湿原で生育していた野生麦を用いて栽培化への道筋をつけたといいます。換言すれば，植物の栽培化自体は，寒冷化以前に進められており，寒冷化は生業の重心を農耕の方へより進める要因と考える方が妥当だとしています。

狩猟採集社会では，数家族，数十人程度の小さな集団で生活し，石器や土器，衣類，装飾品などの生産などの労働は，分業ではなく，一人ひとり，または家族ごとに行うケースが多かったと考えられています。しかし，農耕が始まると，こうした生活や働き方は，変化を余儀なくされます。多くの人々が共同で生活し，集団で労働を担う必要性が出てくるからです。農産物の生産のためだけではありません。農具を作ったり，灌漑などの水利事業の実施などにともなう労働力においても不可欠だからです。また，こうした作業の管理や監督を行う指導者も必要になります。やがて，集団の人口は増え，仕事の役割分担が進むとともに，貧富の差も生まれ，人々は階級に分化していきます。

農作物は，育てるだけでなく，保管しておかなければなりません。狩猟採集社会でも，木の実などの食料について動物と獲得競争はあったで

しょう。農耕社会では，食料の生産量が増加し，備蓄をするため，人々は備蓄品を守るため，武器の製造や壁や濠による外部からの防御が必要になりました。その結果，人々は，政治的な組織をつくり，古代文明や都市国家へと発展させていったと考えられます。

　古代文明というと「四大文明」を思い浮かべる人が多いでしょう。人類最初の文明は，メソポタミア・エジプト・インダス・中国の4つで，以降の文明はこの4つの流れをくむ，という考え方です。ただし，「四大文明」という表現は，日本や中国だけの慣習的な用語です。国際的には「文明のゆりかご」（Cradle of Civilization）といい，肥沃な三日月地帯を念頭に起きつつ，長江文明・メソアメリカ文明・アンデス文明なども含んだ概念として解釈されています。「四大文明」後の都市国家は，ひとつの都市とその周辺地域が独立した政治体制や文明をもつ，小規模な国家といえるでしょう。アテナイ（アテナの古い呼び名）をはじめとした古代ギリシャの都市群やローマ帝国につながる古代ローマなどが知られています。しかし，中世のイタリアのヴェネツィア（ベネチア）共和国や現代のモナコ公国も都市国家に入ります。

　では，この時代において，労働はどのように考えられていたのでしょうか。『働き方の哲学――360度の視点で仕事を考える[7]』の著者，村山昇は，古代ギリシャの都市国家では食物を作る農耕作業はじめ労働は奴隷が行うもので，その労働は自然に支配され，身体を酷使し，人間の生理的な欲求を満たすだけの目的であることから軽蔑されていた，と記述しています。また，生活用具を作る職人やそれを売買する商人も否定的なまなざしで見られていたそうです。

❖ 「苦役」から「神の召命」「社会主義」をへて多様化する労働観

　労働は苦役であり，神による罰であるという考えは，キリスト教を通じて長い間維持されてきました。しかし，罰という烙印を押された労働も，一方では人間の怠惰を防ぐ営みとして肯定的にとらえられる部分も

ありました。それは，聖書にある使徒パウロの新約聖書の「働きたくない者は，食べてはならない」という言葉に表れています。16世紀のドイツのマルティン・ルターやスイスのジャン・カルヴァンによる宗教改革は，この考えをより積極的な意味合いに変えていきました。この二人の労働に関する考え方は，職業召命観と呼ばれています。召命とは，神に召されて使命を与えられることで，英語ではCallingといい，神に呼び出されるという意味が含まれます。ルターは，職業に神の召命としての意義を与えました。カルヴァンは，世俗的な職業は神の栄光を実現するために人間が奉仕する場であり，与えられた仕事にできるかぎり励むことが宗教的使命であると説いたのです。そして，カルヴァン派を中心に禁欲と勤勉な労働によってもたらされる富の増大をも積極的に肯定する考え方がプロテスタントの中で拡大していきました。この事態を踏まえ，ドイツの社会学者マックス・ヴェーバーは，資本主義の精神の萌芽が宗教改革の影響を受けていたと考え『プロテスタンティズムの倫理と資本主義の精神』において考察しています。一方，同じドイツ人ですが，歴史学者のヴェルナー・コンツェは，旧約聖書と新約聖書への回帰により労働を神の召命と認識するようになるとともに，労働しないことを悪習と捉えるようになった[8]と主張しています。

　資本主義という言葉が出てきましたが，18世紀にイギリスで始まった産業革命によって確立した経済体制のことです。少数の資本家が生産手段を私有し，労働力以外に売る物をもたない労働者が労働力を商品として売ることで成立します。このため，労働者は，資本家から搾取され，機械のリズムに合わせて単調に反復する労働を繰り返させられるため，疎外された存在に陥った，という考えが生まれてきました。宗教改革によって神の召命と認識されるようになった労働は，疎外によって，新たに否定的な見方としても意識されるようになったといえるでしょう。

　ここで登場したのが，社会主義，そして共産主義などの思想とその実現に向けた運動です。18世紀末から19世紀初頭にかけて，イギリスで

「綿業王」と呼ばれた実業家でもあったロバート・オウエンは，労働者の生活改善やその子弟の教育に尽力したことでも知られています。また，オウエンは，労働立法の必要を主張，1819年の紡績工場法の制定に貢献しました。さらに，協同組合や労働組合の創設に関わるなど，初期の社会主義運動の代表的な人物です。

　社会主義が語られるようになると，マルクスの存在が大きくなっていきます。現在ではドイツになっているプロイセン王国領のトリア出身のカール・マルクスのことです。彼は1875年に執筆した「ゴータ綱領批判」の中で，社会主義社会で人々は「能力に応じて働き，労働に応じて受け取る」，共産主義社会では「能力に応じて働き，必要に応じて受け取る」ようになると述べています。この2つを比べると，「能力に応じて働き」という共通の言葉からも明らかなように，労働の必要性は一貫しています。その後の言葉，「労働に応じて受け取る」か，「必要に応じて受け取る」が異なっています。これは，共産主義社会では，労働の過多による成果の配分が否定されていることを意味します。他人より多く働いても配分が同じでは勤労意欲が削がれるのではないか，と思われるかもしれません。社会主義から共産主義を目指した旧ソ連や現在の中国が市場原理の導入に至ったのは「労働に応じて受け取る」ことが否定されると，経済が低迷する現実に直面したためと主張する人もいます。

❖労働観よりも人生観が求められる未来の可能性

　20世紀の半ば以降になると，少なくとも先進国においては，人々の働く場の大半は，企業や役所などの組織になっていきます。アメリカの経済誌フォーチュンの編集長だったウィリアム・フート・ホワイトは，GEやフォードなどの企業経営者とのインタビューの後，『組織の中の人間——オーガニゼーション・マン』を1956年に発表しました。この本の中でホワイトは，組織とその中で働く人間（以下，組織人）の相互依存関係の存在を指摘しています。ホワイトによれば，組織人は組織に

忠実であることを求められることと引き換えに，組織も組織人に忠実だったというのです。組織人には，個性よりも仲間意識，個人の自己表現より集団の調和が重んじられ，組織に忠誠を誓い，その要求に従ったのです。それが組織人に経済的な安定をもたらしたからだけではなく，それこそが正しく立派な生き方だと考えられていたためです。

　これは，企業の家族的温情主義（パターナリズム）といえます。いわゆる日本的経営に通じるように感じるでしょう。実際，労働者が同じ企業で長年，中には親子，さらに孫にわたり働くことは珍しくありませんでした。しかし，1980年代に入るとこの状況は一変し，リストラの嵐が吹き荒れ，事実上，パターナリズムは消滅していきます。そして，非正規雇用が急増し，労働観も多様化していくことになります。

　この節の最後として，1930年にイギリスの経済学者，ジョン・メイナード・ケインズが書いた「孫たちの経済的可能性[11]」というエッセーを紹介しておきます。大恐慌の中で，ケインズが考えたのは，孫の時代にあたる100年後，すなわち2030年の人々のあり方でした。ケインズは「経済問題」は100年以内に解決するか，少なくとも解決が視野に入ってくると考えました。ここでいう「経済問題」とは，人々が生活していくうえで必要なものを作り出すこと，つまり「食べるための労働」と言い換えることができます。これが1日3時間，週15時間程度になると予想したうえで，増加した自由な時間をどう使うか，余暇をどう使うかに悩まざるをえなくなるというのです。労働時間については，前述の原始時代と同様です。しかし，原始時代は寝る，休むが残りの時間に充当されていたようです。これに対して，2030年の人々は，生活の充足を求めるようになるとケインズは予想していました。

　ケインズは，生活の充足を「己（人間）の本物の，永続的な問題」だとしています。なぜ，人間は，自由時間や余暇の使い方に悩まなければならないのでしょうか。ケインズは「私たちはあまりに長きにわたり，頑張るべきで楽しむべきではないと訓練されてきてしまった」からだ，

といいます。前述の BOSS のコマーシャルは「なんで人って働くんだっけ？」と私たちに問いかけていましたね。ケインズにしてみれば「食べるための労働」に費やす時間が徐々に減少する中で，当然生じてくる疑問なのかもしれません。長時間労働にもかかわらず所得が増えないため「いやいや，食べるだけで大変だよ」と感じる人も多いでしょう。しかし，それは，格差拡大という言葉に示されるように「必要に応じて」どころか「労働に応じて」すら，受け取ることも難しくなっていることが一因と考えることもできます。

　一方，ケインズは，労働に関連した人間のニーズを2つに分けて，この問いに応えようとしているようです。ひとつは，生きるうえで必要な絶対的なニーズ。もうひとつは，他人と比較して優位に立つために求めるニーズです。ケインズは，後者を満たすことの難しさを指摘しています。それは，他人より多くの労働の成果を取りたいという，配分の問題につながっていくからです。この問題を解決するには「必要に応じて受け取る」ことを是とする意識が人々の中に醸成されていかなければなりません。つまり，「なんで人って働くんだっけ？」という問いに対して「地球人，働くのやめちゃったら？」という声を受け入れないとすれば，「必要に応じて受け取る」ことへの合意形成が求められるのではないでしょうか。それは，労働観というよりも，人生観や社会意識というべきかもしれません。これらは「生き方」につながる問題であり，この後に考えていきたいと思います。

　なお，この節では，欧米を中心にして，労働観について見てきました。それが読者の皆さんが自分らしい生き方をするためのキャリアデザインの手助けになると考えたからです。とはいえ，皆さんの多くは，日本で働き，生活していくことを前提に，キャリアデザインをしていくことになるでしょう。したがって，日本人の労働観については，次節以降の日本の労働のあり方に盛り込んでいくことにします。

2　雇用と生活を保障してきた日本的労使関係の変貌

「三種の神器」をご存じでしょうか。

天照大御神が国の統治をするために，現在の宮崎県北部の高千穂に降臨させた孫の瓊瓊杵尊に携えさせた，剣・鏡・玉（石）の3つの宝物のことです。

今日に至るまで，代々の天皇の皇位の証として受け継がれてきたとされています。歴史や時代劇が好きな人は，源平合戦の最後の戦場になった壇ノ浦の戦いで，敗北が決定的になった段階で，安徳天皇祖母の二位尼に続いて侍女の按察局が天皇を抱えて入水した際に持っていたものといえば，おわかりになるでしょう。

ここから転じて，重要な3つのものをあわせて「三種の神器」と呼ぶことがあります。1950年代後半の（白黒）テレビ・洗濯機・冷蔵庫の家電3品目は，そのひとつです。マーケティング戦略の一環として用いられた言葉ですが，1960年代半ばになると，カラーテレビ・クーラー・自動車が「新・三種の神器」としてもてはやされました。戦後，人々の間に電化製品などが急速に普及し，生活や仕事のあり方に大きな変化をもたらしたことにもつながっています。

マーケティング以外にも，この言葉が用いられることがあります。この節では，日本の働き方を考えるにあたり，終身雇用制度を取りあげます。この終身雇用制度に年功賃金制度と企業別労働組合を加えた3つの仕組みは，日本的労使関係または日本的経営における「三種の神器」と呼ばれています。「三種の神器」が一体として皇位の証とされてきたように，日本の企業などにおいて，3つの仕組みがあわさって，独自の労使関係が形作られてきました。「形作られてきました」と述べたように，日本的労使関係における「三種の神器」は，歴史の産物です。ここでは，その生成発展と，労働者にとって3つの仕組みが持ってきた意義や役割

について考えていきます。

　結論を先にいえば，日本的労使関係は，人々の労働だけではなく，生活全般を支えてきました。その変化は，人々が労働以外の生活も自ら確保する必要性を高めています。このような考えに基づき，本章で労働，次章で生活についてのキャリアデザインを考えるうえで理解しておくべき内容を提供していきます。

❖日本的労使関係の生成と発展

　終身雇用制度と年功賃金制度，企業別労働組合を日本的労使関係の特徴と指摘したのは，アメリカのウィスコンシン州出身のジェームズ・C・アベグレンといわれています。1955 年にアメリカのフォード財団の研究員として来日，1958 年に *The Japanese Factory: Aspects of its Social Organization* を Sage Publications から発表した人です。アベグレンは，1955 〜 56 年に日本の 19 の大企業と 34 の小企業の工場で調査を行い，戦後の企業の発展の源泉が日本的労使関係にあるとする考えを欧米に紹介しています。なお，英語版と同じ年，日本語版に当たる『日本の経営』[12]が発行されました。また，『日本の経営〈新訳版〉』（山岡洋一訳）が 2004 年に日本経済新聞社から出版されています。

　では，日本的労使関係は，いつ生まれ，どのように変化し，今日に至っているのでしょうか。アベグレンの調査は，1956 年に経済企画庁が経済白書で「もはや戦後ではない」と述べた，実質国民総生産（GNP）が戦前の水準を超えた時代の企業経営の状況の分析です。日本的労使関係の起源や背景について論じているわけではありません。日本における労働と生産の関係を歴史的に振り返ると，縄文時代に徐々に農耕文化が取り入れられてきたことがわかります。しかし，狩猟採集生活から農耕への本格的な移行は「四大文明」などに比べはるかに遅れ，紀元前 300 年頃から始まる弥生時代まで待つ必要がありました。その後も，農業を中心にした経済が明治初期まで続きます。集団労働が求められる稲作な

どの農業との関係から，日本的労使関係の起源をパターナリズム（父権主義）と関連させる見方もあります。経営者を家長，労働者を家族とみなすパターナリズムが，江戸時代にさかのぼることもできるという考えです。しかし，多くの研究者は，明治・大正・昭和初期を通じた，熟練工の不足や労働組合対策などを理由に，集団的協調性を重視したと見なしています。

　とはいえ，終身雇用制度は例外的でした。例えば，アゴラ研究所代表取締役社長の池田信夫 は『希望を捨てる勇気——停滞と成長の経済学』[13]の中で，1918 年の統計によると工場労働者の 76.6% は勤続年数が 3 年未満，10 年以上の勤続年数の労働者の割合は 3.7% にすぎなかったことを指摘しています。また，池田は，戦時経済の総動員体制のためにつくられた制度で，戦後に官庁・大企業に受け継がれたと述べています。

　第二次世界大戦後も，高度経済成長下の労働力不足に対応するため，採用した労働者の定着を図る必要がありました。また，新卒採用と社内の雇用訓練や登用の促進により，それぞれの企業独自の人材を育成することで，他社への移動を抑制し，企業への忠誠心を向上させようとしたといわれています。そして，家族手当や住宅手当などの各種手当とともに，年功賃金により生活費の増加に対応できるようにすることで，企業は労働者の生活全般を支えるようになっていきました。

　就職したら，定年まで働くことができ，賃金も上がります。これが終身雇用制度と年功賃金制度を労働者が受け入れた背景といえるでしょう。そのうえで，より多くの賃金を得るには，会社の業績を伸ばす必要性が出てきます。そうなると，労働の成果の配分に関わる労働組合は，個々の企業の業績を重視するため，企業内労働組合の存在意義が出てくると考えられます。こうして日本的労使関係が形作られてきたのでしょう。

　とはいえ，日本的労使関係の主な受益者は，大手企業や役所で正規労働者として働く大卒男性でした。大卒者が増える一方，働く女性が少なく，非正規の労働者があまりいない状況では，大卒者をはじめとした労

働者の生活の安定に寄与したと考えられます。しかし，20世紀が終わりを迎える時期になると，状況に大きな変化が生じてきます。新自由主義政策の一環として，労働分野の規制改革が進み，契約社員，派遣社員，パートなど非正規労働者が急増していったのです。

　表2‒1をご覧ください。1989年から2019年までの非正規労働者の割合の推移を示しています。これを見ると，1989年には19.12％にすぎなかった非正規労働者の割合は，2019年には38.3％へと倍増していることがわかります。男女別にみると，女性では6割弱，男性も4人にひ

表2-1　非正規労働者の割合の推移

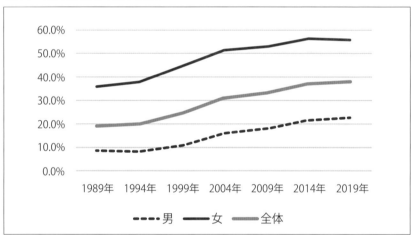

（出典）「令和2年版厚生労働白書」のデータより，筆者が作成
　　　　https://www.mhlw.go.jp/stf/wp/hakusyo/kousei/19/backdata/01-01-03-18.html

表2-2　勤続年数別の民間労働者の所定内給与額の変化　　　　　　　　（単位は1000円）

勤続年数	1981年	1985年	1990年	1995年	2000年	2005年	2010年	2015年
0年(A)	126.9	146.3	176	205.6	215.9	217	216.2	226
10～14年(B)	202.1	229.3	262	299.1	304	302.5	295.2	305.3
20～24年(C)	273.6	308	345.5	387.7	387.9	395.6	382.4	386.9
30年以上(D)	295.9	350.3	413.6	461.6	459.3	449.5	418.7	423
D÷A	2.33	2.39	2.35	2.25	2.13	2.07	1.94	1.87

（出典）労働政策研究・研修機構「賃金構造基本統計調査：勤続年数別（一般労働者）」2016年のデータから一部抽出し筆者が作成　　　https://www.jil.go.jp/kokunai/statistics/dbdata/wage/sub2.html

とりが非正規になっています。

　次に，表2-2を見てください。これは，1981年から2015年までの民間企業における勤続年数別の労働者の所定内給与額を示したものです。なお，所定内給与なので，時間外手当は除外されていますが，年間賞与その他特別給与は含まれています。表の一番下の欄を見ていただくと，勤続年数が「0」つまり初任給と勤続年数30年以上の労働者の給与の差は，1985年の2.39倍をピークに徐々に低下しています。このように，正社員として定年まで働くことができる終身雇用制度の不確実さに加え，年齢あるいは勤続年数に応じた賃金上昇も抑制的になってきています。年齢が高くなれば，家計支出が増えていく傾向があるため，日本的労使関係の下で賃金上昇が勤続年数に対応していかなくなると，多くの労働者は，生活が保障されにくくなってきているといえるでしょう。もちろん，このデータだけで，日本的労使関係が崩壊したとみなすことはできません。とはいえ，今後も非正規労働者の増加や年功による賃金カーブの抑制は続くと考えられます。これに労働組合の影響力の低下が指摘されていることを踏まえれば，まさに「三種の神器」が海に沈みつつあるのです。

　人生100年時代のキャリアデザインを考えるにあたり，こうした状況を理解しておくことが重要です。とはいえ，過去と現在を知るだけでは十分とはいえません。新たに生じている現象や状況もしっかり把握して，より自分に可能かつ適切な選択を行うための材料にすることが大切になってきます。これらについては，次節以降で考えていきましょう。

3　ポスト終身雇用時代の新たな働き方

　2019年10月13日，日本自動車工業会の会長会見で，トヨタ自動車の豊田章男社長（当時）は「終身雇用を守っていくのは難しい局面に入ってきた」との認識を示しました。この発言を受けて「いよいよ終身

雇用制度も終わりを告げようとしている」と考えた人が少なくなかったようです。この章の前節でも，終身雇用制度と年功賃金制度という，戦後日本の企業の労使関係の「三種の神器」の中軸が崩れつつあると述べました。「それと同じことですよね」という声が聞こえてきそうです。たしかに「同じ」ように感じると思いますが，終身雇用制度をどのように定義するかによって，判断が異なってきます。

終身雇用制度とは，ある企業に採用されると，定年までその企業で働くこととみなされがちです。しかし，「終身」といっても，定年までであり，死ぬまで雇用を保障するという意味ではありません。ただし，後述する高年齢者雇用安定法の制定もあり，定年後の一定期間，何らかの形で雇用を継続する企業も少なくありません。このことは，豊田社長（当時）の発言が，終身雇用制度の一つの柱である，同じ企業における長期雇用は維持しつつも，他の要素が変貌あるいは廃止していくこと，という解釈を可能にさせます。実際，定年延長などの影響もありますが，厚生労働省の「賃金構造基本統計調査[14]」を見ると，過去20年間，労働者の平均勤続年数はほとんど変化していません。

では，「終身雇用を守っていくのは難しい」としても，長期雇用は継続されるのでしょうか。継続されるとすれば，終身雇用とどのように異なるのでしょうか。これらの点を明らかにするには，日本の労使関係全般にわたる検討が必要で，本書の趣旨を大きく超えてしまいます。このため，ポスト終身雇用時代において，自分らしい生き方に関連した内容に焦点を置き，具体的に検討していきたいと思います。

❖**転勤なしの長期雇用，地域限定正社員制度の広がり**

「連続転勤ドラマ　辞令は突然に…」というドラマをご存じでしょうか。正確には，日本テレビ系列で放映されたテレビ番組「秘密のケンミンSHOW」のコーナーのひとつ。幼馴染の東京一郎と数寄屋橋はるみが結婚し，東京に新居を構えたものの，突然の辞令で全国各地を行った

り来たり，転勤を繰り返すストーリーです。転勤先の名物の紹介を織り込んだところに「ケンミン SHOW」の香りを漂わせています。とはいえ，新しい土地に慣れ親しんだと思った途端，次の転勤を命じられ，ショックを受ける二人の顔がコミカルに描かれている様子を楽しみに見ていた人も少なくなかったのではないでしょうか。

京一郎とはるみが辞令を受け取った時に見せた姿は，多くの労働者とその家族にとって，転勤が一大事であることを示唆しています。二人には子どもがいませんが，子どもがいると，子どもを転校させるのか，あるいは単身赴任にするのか，迷う場合が少なくないようです。後者を選択すると，家族で一緒に生活することができなくなるからです。転勤の影響は，子育てだけではありません。夫婦が共働きで，単身赴任を良しとしないのであれば，どちらかが仕事を辞めなければならないかもしれません。親の介護を抱えている場合も，悩まざるを得ないでしょう。このように，転勤は，ワークライフバランスの観点からみても，問題が少なくない制度です。無原則に続けていれば，企業にとって人材の流出にもつながりかねません。

これらの点が考慮されてきたのでしょう。転勤による住居の異動の負荷やリスクを回避させるとともに，育児や子育て，家事などの家庭内の役割の分担，あるいは親の介護などの時間を確保できる働き方を希望する労働者が増え，企業もこれに対応するようになってきました。その具体策のひとつに，地域限定正社員制度があります。この制度は，「地域限定社員」や「エリア総合職」「エリア限定社員」「特定総合職」「準総合職」など，企業によりさまざまな呼び方があり，統一的な呼称はありません。いずれも正社員を対象にしつつも，転居を伴う転勤がなく，自宅から通える範囲で勤務できる雇用形態を意味しています。なお，ここでは，厚生労働省が「地域限定正社員制度導入事例集」で用いた用語にそって，地域限定正社員制度と呼んでいきます。

この事例集の中で，厚生労働省は，労働政策研究・研修機構が 2017 年

に実施した調査に基づき，就職活動開始時において地域限定正社員への応募意向がある学生の割合が 72.6％に上ると指摘しています。しかし，全国的規模の企業のうち「地域限定正社員を募集している企業」の割合はわずか 14.3％でした。厚生労働省は，これらのデータから地域限定正社員に関して学生と企業の間でミスマッチが生じている可能性を問題視したのです。同時に，同省は，希望する地域で将来のキャリア展望を描いていくことに魅力を感じている学生が多いと推察されると述べていますが，この言葉を通じて，企業に地域限定正社員制度の導入を促したといえるでしょう。

　では，この制度についてもう少し詳しく見てみましょう。「特定総合職」「準総合職」という呼び方があるように，地域限定正社員制度は，一般職と総合職の中間的な位置づけにしている企業が多いようです。この中間的ないし位置づけが労働者にとってメリットとして出てくるのは，自宅から通える範囲での勤務という点といえます。前述のような家事や育児，子育て，親の介護などを重視した生活を希望する人や，地元で就職を考えている学生の皆さんにとっては，願ったりかなったりの制度のように見えるかもしれません。しかし，どのような制度であっても，全てがバラ色ということはありえません。

　地域限定正社員制度にも，デメリットがあります。総合職に比べると，給与水準が低く，昇進も限定している企業も少なくないのです。ただし，前述の事例集は，総合職と比べて能力（生産性）に大きな差が生じない場合もあると考えられるので，キャリアトラックに差をつけることは必ずしも望ましくないと述べています。また，勤務エリアも，特定の支社や営業所を指していることもあり，実際に自宅から通える距離かどうかなど，応募に当たっては「地域限定」という言葉の中身をしっかり確認しておくことが必要です。

　では，地域限定正社員制度で採用された場合，入社後，通常の総合職などに変わることはできるのでしょうか。これは，企業によって異なり

ます。しかし，労働契約法第3条第3項は，労働契約は労働者及び使用者が仕事と生活の調和にも配慮しつつ締結または変更すべきとしています。こうした法律の趣旨を理解した企業は，総合職などへの転換も認めると思われます。

❖具体例から考える地域限定正社員制度の実態

　地域限定正社員制度が大きな関心を集めるようになったのは，2007年3月。国内アパレルの最大手，ファーストリテイリングのグループ事業，ユニクロが同年4月1日から「地域限定正社員制度」の運用開始を発表したためです。運用開始の意味は，ユニクロの店舗に勤務する非正社員である契約社員及び準社員を対象に，勤務地域を限定する正社員として，契約変更を進めるというものです。ユニクロには，契約社員と準社員と呼ばれる労働者がいました。契約社員とは，契約期間1年の有期雇用，時給契約の社員。準社員とは，契約期間6か月の有期雇用，時給契約の社員でした。当時の対象者は，約5000名で，制度の導入後1年間で，対象者の約半数に当たる2500名を地域限定正社員に契約変更する計画でした。

　この計画発表にあたり，ユニクロは，地域限定正社員が制度上の正社員と大きく異なる点について，転居を伴う転勤が発生しないことだと説明しています。なぜ，このような制度を導入したのでしょうか。転居がともなわないということは，特定の地域に住み続けることを意味します。そのため「地域に愛される店づくりの核となる有用な人材として，長期にわたり継続的に店舗運営に貢献[16]」してもらうことが可能になる，と考えたのでしょう。その後，ファーストリテイリングは，ユニクロ以外のグループ事業にも，地域限定正社員制度を広げていきました。図に示したように，ファーストリテイリングの正社員は，地域正社員とグローバルリーダーに分けられています。前者は転勤なしですが，後者はありです。

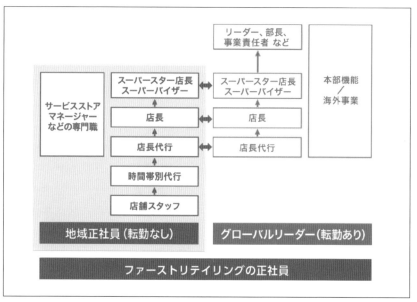

図 2-1　ファーストリテイリングの正社員の分類

（出典）ファーストリテイリングのウェブサイトから転載．https://www.fastretailing.com/employment/ja/
fastretailing/jp/graduate/recruit/regional_employees.html

　キャリアトラックを比べると，スーパースター店長とスーパーバイ
ザーまでは，両者とも昇進できます。しかし，リーダー，部長，事業責
任者などは，グローバルリーダーに限定されます。本部機能や海外事業
もグローバルリーダーだけになりますが，接客サービスのスペシャリス
トであるサービスストアマネージャーなどの専門職が地域正社員に開か
れています。
　地域限定正社員制度は，働き方のひとつです。この制度導入の先駆者
といえるユニクロは，週休3日制度も実施しています。「オンもオフも
充実させたい」「仕事と家庭を両立させたい」という労働者の声に応え
て導入したものだそうです。1日10時間労働を土日含め，週4日行う
ことで，通常のフルタイム勤務（8時間×5日＝週40時間）と同額の
給与が支給される制度です。週に3日休みが取れますが，平日に限定さ

れています。

　先に紹介した厚生労働省の「地域限定正社員制度導入事例集」には，キャン，高速，タカキュー，武田薬品工業，TMJ，ティップネス，東京海上日動火災保険，フレスタ，三井住友信託銀行，明治屋産業の10社の事例が紹介されています。企業規模を従業員数で見ると，東京海上日動火災保険（1万7921名）と三井住友信託銀行（1万3659名）の2社が1万人を超えています。次いで武田薬品工業の5912名，キャンの2937名が続いています。一方，規模が最も小さいのは，明治屋産業（475名）で，その次は高速の535名です。両社を含め，従業員が1000人未満の企業が5社含まれています。このことから，大企業だけでなく，中規模の企業においても地域限定正社員制度が活用されていること，活用できることを示そうとした厚生労働省の意図が感じられます。

　地域限定正社員制度の内容を見ると，10社の考えや制度設計の違いから，制度の多様性も理解することができます。例えば，制度導入の狙いですが，大半は「人材の確保」という経営的な視点に基づいたものです。ただし，タカキューが個々の従業員が思い描くキャリア・働き方の実現，東京海上日動火災保険が個々の力を最大限活かし，伸ばすための環境の整備としていますが，これらは従業員の視点に基づいたものといえるでしょう。また，対象となる職種や転居を伴う異動の可能性についても，運用方法が異なっています。全職種を対象にしている企業は，キャン，ティップネス，東京海上日動火災保険，フレスタ，三井住友信託銀行，明治屋産業の6社に止まります。高速と武田薬品工業は，営業職のみ。ただし，武田は，営業のうちMR関係だけです。タカキューは店舗販売員，TMJはコールセンターの職員に限定されています。

　地域限定正社員制度の肝は，転居を伴う異動がないことです。したがって，この点は10社とも同じになると考えられます。しかし，キャン，高速，武田薬品工業，ティップネス，東京海上日動火災保険の5社は，「一定のエリア内」などの限定はつけてはいますが，転居を伴う異

動があるとしています。残りの5社は，転居が伴わないものの，異動はあるということです。こうした実態があることを考えれば，前述のように応募にあたっては「地域限定」という言葉の中身をしっかり確認しておくことが必要だということが理解できるでしょう。

4　メンバーシップ型からジョブ型，そしてその先……

「ジョブ・ディスクリプションはないんですか」

私の知り合いで，大学に赴任したばかりの先生は，所属する研究科の教授会に初めて出席した時，研究科長にこう質問したそうです。

これに対して，その研究科長は，ちょっと困ったような顔をしながら，次のように答えたといいます。

「大学の教員ですからね……。授業をやって，教授会に出て，入試をやる。この3つになるんじゃないでしょうか」

知り合いの先生は，長年，アメリカで暮らしていました。アメリカでは仕事をする場合，ジョブ・ディスクリプションが提示され，そこに書かれた職務を遂行することが求められるそうです。そうした経験から，ジョブ・ディスクリプションという言葉が自然に出てきたのかもしれませんが，20年近く前だったこともあるのでしょうが，突然「ジョブ・ディスクリプションは？」と聞かれた研究科長が面食らったとしても，仕方ないかもしれません。当時だけではなく，いまも日本の雇用現場では，ジョブ・ディスクリプションという言葉や概念はあまり使われていません。読者の皆さんも，「何，それ？」と思われる方が少なくないのではないでしょうか。英語のカタカナ表記ということも一因かもしれません。日本語では，職務記述書または職務明細書と呼ぶことが多いようです。前者は英語の直訳，後者は意訳ということができます。というのは，この書類に記載される内容は，仕事の内容，つまり職務だけではありません。仕事に就く労働者の役職や仕事に必要な資格やスキルな

ども記載されているからです。

　この節では，日本の企業が伝統的に採用してきた雇用形態，いわゆるメンバーシップ型が徐々に減少し，特定の職務を遂行することを求める，ジョブ型といわれる雇用形態に移行していることを紹介することを目的のひとつにしています。皆さんも，メンバーシップ型とジョブ型という言葉は，どこかで耳にしたことがあるのではないでしょうか。両者の具体的な内容や相違などについては後述しますが，ジョブ型におけるカギのひとつがジョブ・ディスクリプションなのです。そこで，まず両者の概要を説明したうえで，ジョブ・ディスクリプションの役割や意義を考えていきたいと思います。

　しかし，この節は，そこで終わりではありません。見出しの最後に「そしてその先……」とつけたように，メンバーシップ型とジョブ型を超えるような雇用形態も生まれています。「自分らしく生きる」うえで，どのような仕事を選択するのかだけでなく，どのような働き方，つまり雇用形態を選ぶのかも重要です。前節では，働く場所に焦点をあてて考えてみました。この節では，仕事との関わり方という視点から検討していくことにします。

❖メンバーシップ型からジョブ型への移行

　日本型雇用システムは，伝統的にメンバーシップ型と呼ばれるものでした。そのエッセンスは，労働時間や勤務地，職務内容を限定しないことです。もちろん，労働法による制約はあります。労働基準法による残業時間の規制は，そのひとつです。とはいえ，前節で取りあげた「辞令は突然に…」の東京一郎は，職種については営業だけのようですが，勤務地が限定されていないメンバーシップ型だったのでしょう，転勤も当たり前のように受け入れなければなりませんでした。

　これに対して，ジョブ型では，職務内容が明確に定義されています。職務内容が明確に定義されているということは，ジョブ・ディスクリプ

ションが必須と考えられます。しかし，ジョブ型の導入はかなり進んでいるものの，ジョブ・ディスクリプションを作成，労働者に提示，合意を得ないまま実施している企業も少なくないようです。例えば，2021年6月にパーソル総合研究所が発表した「ジョブ型人事制度に関する企業実態調査(17)」の結果によると，ジョブ型の導入状況・見通しについて，18.0％が「導入済み」，39.6％が「導入検討中（導入予定含む）」と回答。今後も「導入しない」意向を示した企業は，28.5％に止まりました。しかし，「導入済み」の企業に限定しても，ジョブ・ディスクリプションを「ほとんどの職務に対して作成」しているのは54.9％にすぎません。一方，未作成は，16.5％にのぼっています。

　ジョブ型の概念はかなり以前からありますが，日本で関心を集めるようになったのは，2020年に入ってからといってもいいでしょう。この年の1月21日付の日本経済新聞によると，日本経済団体連合会（以下，経団連）は，春季労使交渉の経営側の指針となる経営労働政策特別委員会報告を公表しました。この中で，年功序列賃金など日本型雇用システムの見直しとともに，ジョブ型雇用の拡大を訴えたと報じています。

　前述のパーソル総合研究所の調査は，2020年の12月から翌年1月にかけて実施されたものです。経団連の春季労使交渉の経営側の指針が発表されてから，1年後にすぎません。この間に，「導入済み」と「導入検討中（導入予定含む）」をあわせて6割近い企業がジョブ型の導入に前向きになっていることは，その動きが極めて急速であることを示しています。ただし，この調査でジョブ型を「知らない」という回答も13.9％ありました。企業の人事の世界では常識，とまでにはなっていないことを示唆しているといえるでしょう。

　ジョブ型は，職務内容を明確にして求人するため，企業が戦略上重要な人材を採用しやすくなるといわれています。一方，求職者は，やりたい仕事に就くことができ，またその職種に集中することでスキルアップが期待できます。もちろん，デメリットも考えられます。企業としては，

表2-3 メンバーシップ型とジョブ型の比較

メンバーシップ型雇用	比較要素	ジョブ型雇用
多様な職務遂行を前提とした人材採用	基本理念	特定の職務遂行のための人材採用
会社裁量により基本的に無制限	職務範囲	ジョブ・ディスクリプションに規定された内容
新卒一括・定期採用中心	採用	中途採用・欠員補充中心
会社提供の社内研修など	教育制度	社外での自発的な研修など
あり。原則として拒否できない	異動	なし。要請があっても拒否できる
職能給・勤続年数による昇給中心	報酬	スキル・業務内容に基づく職務給中心
定年退職が原則	解雇・契約終了	採用時の職務の終了で雇用契約終了の可能性

（出典）各種の資料から筆者が作成

より条件の良い企業に優秀な人材が流出する可能性が高まります。求職者にとっては，外部環境等の変化で担当業務がなくなってしまうと雇用継続が危ぶまれる恐れがないとはいえません。

　こうしたメリットやデメリットのあるジョブ型ですが，実際に就労中の労働者は，どのように考えているのでしょうか。大手人材・広告企業のマイナビは，2021年11月「ジョブ型雇用と働き方への意識調査[19]」の結果を発表しました。勤務先において，正規雇用されている人々が，現在の職種のままジョブ型と，メンバーシップ型のどちらを選ぶか聞いたところ，メンバーシップ型を望む割合が，32.1％と，「ジョブ型」の24.6％に比べてやや高くなりました。なお，最も多かったのは「わからない」の43.3％でした。

　ただし，年齢別に見ると違いが見られます。30〜50代ではメンバーシップ型が8から14ポイント上回るのに対して，20代ではジョブ型が32.0％，メンバーシップ型が30.3％と，わずかながらジョブ型希望者が

多いという結果になったのです。なお，いずれの年代も「わからない」が最多でした。また，ジョブ型雇用のイメージについては複数回答可で「イメージができない」が31.1%と最も多く「専門性が生かせそう」と考えている人は21.4%にすぎませんでした。これらの結果を見ると，労働者の間でもジョブ型への理解や支持は十分とはいえないようです。

　企業も労働者も十分に理解できているとはいえない，ジョブ型。とはいえ，これからキャリアを考えていく皆さんは，どちらを選ぶか決める必要が出てくるでしょう。その参考として，あくまで最大公約数的になりますが，両者の違いを整理して，表2-3にしておきました。企業により差があることを理解したうえで，ご参照ください。

❖ハイブリッド型やロール型，その他の新たな働き方

　新卒で採用された後，定年まで各地を転勤しながら，様々な仕事に関わりつつ，昇進，昇給を一歩一歩進めていく。そんな生き方を保障するメンバーシップ型雇用は，徐々に過去のものになっていくのかもしれません。いままで見てきたジョブ型雇用や第3節で検討した地域限定正社員制度は，その代替案といえるでしょう。

　とはいえ，代替案は，この2つだけではありません。例えば，厚生労働省は2013年から14年にかけて，「多様な正社員」の普及・拡大のための有識者懇談会を開催。これに先立つ2010年8月，同省は「多様な就業形態に関する実態調査」を行い，「多様な正社員」の導入状況を明らかにし，懇談会の議論に活用しました。ここでいう「多様な正社員」とは，以下の4種類に分類されます。

　①一般職社員：主に事務を担当する職員。大半が非管理職層として勤
　　務することを前提にしたキャリア・コースが設定される社員
　②職種限定社員：特定の職種にのみ就業することを前提に雇用される
　　社員

③勤務地限定社員：特定の事業所または転居しないで通勤可能な範囲
　にある事業所に限定して就業することを前提に雇用されている社員
④勤務時間限定社員：所定勤務時間のみ就業することを前提に雇用し
　ている社員

　このうち①は，総合職と一般職と分けた場合の，後者に該当する職種
といえます。正社員としての地位を確保しつつも，管理職への登用を希
望しない人にとって，望ましい働き方といえるでしょう。②は，ジョブ
型雇用です。③の勤務地限定社員は，第３節で見た地域限定正社員制度
と同義といっていいでしょう。④の所定勤務時間のみ就業ということは，
残業をしないと言い換えることができます。育児や介護などにより長時
間労働が困難な人にとって，適切な働き方と考えられます。
　自分らしく生きるには，こうした多様な働き方の中から最も自分に適
したものを選ぶことになります。ここで補足しておきたいことがありま
す。先の紹介したジョブ型ですが，表２-３でメンバーシップ型との比
較を行う際に「企業により差がある」と書きました。つまり，ジョブ型
には，いくつかのパターンがあるのです。ここでは，ハイブリッド型あ
るいはロール型と呼ばれている仕組みを紹介していきましょう。
　ハイブリッドとは，異種のものを組み合わせたもの，あるいは組み合
わせることをいいます。ガソリンで動くエンジンと電気で動くモーター
の２つの動力源を備えた自動車を，ハイブリッドカーと呼ぶのは，その
一例です。雇用におけるハイブリッドも同様で，メンバーシップ型とジョ
ブ型を組みあわせた働き方をいいます。とはいえ，前掲のメンバーシッ
プ型とジョブ型を比較した表からもわかるように，職務範囲以外にも採
用から解雇まで様々な要素から成り立っています。したがって，両者を
組みあわせるというだけであれば無数のパターンが考えられるでしょう。
換言すれば，組みあわせにおいてカギとなる要素が必要になるのです。
　ハイブリッド型の一種，ロール型の「ロール」とは「役割」を意味

します。ジョブ型が「職務」を中心にして考えられているのに対して，ロール型は「役割」が核になっているといってもいいでしょう。では，「役割」とは何なのでしょうか。「職務」も「役割」も仕事を遂行する上で必要な概念です。「職務」が個別具体的な内容であるのに対して，「役職」は，「職務と職責」といわれるように，責任・職責・権限などを含む「職務」の上位概念と考えることができます。

　ロール型において企業は，雇用した労働者に対して求める役割を定め，その役割に応じて報酬を支払います。労働力に余剰が生じた場合には，余剰人員への役割を変更することで，具体的な職務内容を変更することができます。また，求める役割が簡易なものになった場合には，それに応じて報酬を下げることが可能です。このように，メンバーシップ型では困難な人件費の調整ができることに加えて，ジョブ型で実施しにくい配置転換や解雇を行う道筋をつけています。このため，ロール型が注目されているといってよいでしょう。

　ロール型として知られている企業のひとつが，大手精密機メーカーのキャノンです。その中心となる役割給制度では，仕事の難易度などに基づく役割等級によって基本給を定め，1年間の業績・プロセス・行動を評価して年収を決定しています。2001年に職能等級制度から役割等級制度への移行を管理職から開始した当初の2年間は，年収の減少が10％を超えないように，人件費調整の影響に対する緩和策を設けていました。また，育児や介護と仕事との両立を図る支援制度など，雇用継続をサポートする各種制度を導入しています。

5　新たな働き方へのソフトランティング策

　2022年の秋，「リスキリング」という言葉がメディアなどで盛んに取りあげられるようになりました。この言葉は，あれよあれよという間に広まり「第39回ユーキャン新語・流行語大賞」のノミネート語30のひ

とつに選ばれるまでになりました。このように，言葉としての認知度が急激に高まったリスキリングですが，認知度＝理解度とは限りません。実際，リスキリングと聞いて「学び直し」と答えられる人がどれだけいるでしょうか。そもそもリスキリングは単なる「学び直し」ではありません。デジタル分野を中心に，企業が成長分野に移行するために必要な新しいスキルを在職中の労働者が習得するための仕組み，というべきものです。

　世界的に見れば，アメリカの情報通信・メディア系のコングロマリット，AT＆Tが2013年に開始した「ワークフォース2020」[21]が知られています。2020年までに10億ドルを投入して，10万人の従業員にリスキリングを実施する計画でした。経営環境が激変する中で，新たな事業に必要な仕事を担うために適切な学びの機会を提供するためです。この機会は，労働者が自分自身のキャリアを自ら描く可能性を高めたこともあり，リスキリングを積極的に取り組むようになっていったそうです。AT＆Tに続き，アメリカでは，アマゾンやウォルマートも大規模なリスキリングを開始しました。そして，2018年にトランプ政権が「アメリカ労働者のための国家会議」を新設し，リスキリングと職業能力教育に関する戦略の策定を行うことになりました。ヨーロッパでも，欧州連合（EU）を中心に2016年から読解，筆記，計算，コンピュータの基礎的スキルがない人々向けにスキル習得機会を提供する取り組みが始まっています。

　一方，日本でリスキリングという言葉が一般化したのは，2022年の秋以降です。これは，2022年10月3日の臨時国会の所信表明演説で，岸田文雄首相が「リスキリングに5年間で1兆円」投入する考えを示したことが大きく影響しています。岸田氏が首相に就任する前の2021年2月から経済産業省は「デジタル時代の人材政策に関する検討会」を開催，リスキリングに関する検討を始めていました。リスキリング導入の先進企業である日立製作所は，社員のデジタル教育に力を入れており，

日立製作所グループの人材育成を一手に担う日立アカデミーを 2019 年に設立しています。デジタルスキル向上のための多様なプログラムを開発，提供し，2020 年度には，日立製作所グループの全社員 16 万人を対象に「デジタルリテラシーエクササイズ」という DX の基礎から学ぶプログラムをスタートさせました。

　この節では，リスキリングを，前節で見た「新たな働き方」，そして「自分らしく生きる」こととの関係で考えていくことが狙いです。なお，リスキリングと混同されがちなリカレント教育，さらに副業，パラレルキャリアなども「新たな働き方」や「自分らしく生きる」ことにつながる面があります。これらの制度についても紹介していきます。

❖ マルチステージ人生で求められるリカレント教育とリスキリング

　前節で見た，メンバーシップ型からジョブ型やロール型への雇用システムの変化は，なぜ生じたのでしょうか。その背景として，第 1 章で触れたライフシフトに示される，人生 100 年時代における仕事人生の長期化と，経済社会の急激な変化に対応するための，新たな知識やスキル獲得を継続的に行う必要性があります。ライフシフトを提唱したグラットンとスコットのいう，主として仕事に役立つ知識やスキル，すなわち生産性資産の蓄積が求められたためと言い換えてもいいでしょう。

　リカレント教育のリカレントとは「繰り返し」や「循環」などを意味します。繰り返し教育を受けるということなので，生涯学習の一部ということができます。実際，文部科学省では，「総合教育政策局生涯学習推進課」という生涯学習の担当課のなかで，リカレント教育を扱っています。ただし，リカレント教育が仕事に活かすことを前提とした学びであるのに対して，生涯学習は学校教育や社会教育，趣味のように仕事と無関係なことであっても学ぶ行為全般のことをいいます。

　この節は，仕事との関係でキャリアの議論を進めています。したがって，生涯学習についてはこれ以上触れず，生産性資産の蓄積に話を戻し

ます。生産性資産の蓄積が求められるということは「学校を卒業したら勉強は終わり」という時代ではなくなったことを意味します。リスキリングは，デジタル化と関連して説明されることが多いといえます。これは，経済社会の日進月歩の変化の象徴としてデジタル化があるためというよりは，デジタル化がもたらす変化に対応しなければ企業の持続性が損なわれ，雇用も失われるという認識に基づいているからです。リカレント教育とリスキリングは，仕事に関連したスキルを学ぶ行為という意味では共通しています。しかし，一般的に，リカレント教育は，それまでと異なる仕事に就くために学ぶことを指します。一方，リスキリングは，同じ会社にいながら，別の職種などに就くために，会社が提供する研修を受けることなどを意味します。

　歴史的にいえば，前述のように，リスキリングは，世界的に見ても2010年代から導入が始まった新しい仕組みです。一方，リカレント教育は，1965年にユネスコの成人教育長だったポール・ラングランが示した「生涯学習」の概念が基本になっているといわれています。そして，1969年のヨーロッパ文相会議で発表され，翌年に経済協力開発機構（OECD）が推進することを決定しました。日本でも1970年代からリカレント教育についての議論が始まったものの，企業社会のなかに取りいれられないまま，21世紀を迎えました。社会人の学び直しを意味するリカレント教育を経済政策に関連させたのは，2006年の「再チャレンジ支援総合プラン」でした。そして，2017年の「人づくり革命」や2018年の「人づくり構想 基本構想」などの政策のなかで，位置づけられていきます。

　以上のような経緯があるからかもしれません。日本においてリカレント教育は，リスキリングの少し前に用いられていた言葉で，社会人が学ぶ仕組みで，違いはあまりないと考える人も多くいるようです。こうした誤解は，実際の使われ方にも影響しているのかもしれません。前述のように，リカレント教育は，それまでと異なる仕事に就くために学ぶこ

とが基本ですが，現在の職場に在籍しながら，教育の終了後もそこで同じように働き続けるという例が少なくないからです。

　例えば，ウェブサービス企業ディップが運営している社員・派遣・パートの求人情報サイト「はたらこねっと」が実施した「リカレント教育（学び直し）」についての調査[22]によると，リカレント教育をしたい理由として「転職したいから」を選んだ人は，複数回答可で28%にすぎませんでした。また，何を学び直したいかについても，「趣味に関係する分野」（同12%）や「教養（文化・社会・歴史)」（同11%）という結果でした。この調査は，2018年に実施されたものです。それまでと異なる仕事に就くために学ぶという，リカレント教育の意味を理解していない人が少なくない結果を示しているといえるでしょう。

　同様の意識は，経営者の間にも見られます。経団連は2021年2月，「大学等が実施するリカレント教育に関するアンケート調査[23]」の結果を発表しました。この調査で経団連は「リカレント教育」とは「社員個人の意思による自己啓発やキャリアアップ・キャリアチェンジのための学び直し，および企業主導による人材育成・研修の一環としての学び直し」と定義しています。名称からもわかるように，リカレント教育の実施先を大学等の高等教育機関に限定した調査です。リカレント教育への期待についての回答を見ると，半数を超える企業が特定職種・分野における専門知識・技能・技術力ならびに人的ネットワークの構築や異分野交流などをあげています。これは，教育を受けた後，自社に戻り，働き続けることを前提にしています。

　以上のように，日本では，リカレント教育は，メンバーシップ型を前提として導入が進められているような感じを受けます。しかし，ジョブ型やロール型の雇用は，確実に広がっていくでしょう。そうなれば，特定のジョブやロールを習得する，あるいはレベルアップを図るためなどの目的で，企業が内部人材の活用のためであればリスキリング，労働者が自らのためであればリカレント教育と，両者が明確に分離しながら拡

大していくのではないでしょうか。

❖副業やパラレルキャリアに見る自己実現の可能性

　リカレント教育やリスキリングは，社会人の学びを支援する仕組みとして意味をもっています。特に，特定のスキルや知識を体系的に獲得し，現在の職場あるいは新たな仕事の場に活かしていくうえで有効な制度と考えられます。しかし，実践的かといえば，必ずしもそうとはいえません。また，リスキリングの場合は雇用者負担になると思われますが，リカレント教育であれば，労働者自らコストを負担する可能性が高く，それゆえ躊躇せざるを得ないという声も少なくありません。

　こうした問題に対応する仕組みという面をもつものとして注目されているのが，副業やパラレルキャリアです。日本の政府機関や大手企業の多くは，本業以外の仕事に就くことを認めない，いわゆる副業禁止規定を制定していました。隠れて副業を行う人もいたでしょうが，発覚すれば，解雇を含む処分を受けるかもしれません。そのため，副業を避ける傾向が生まれてくるのは当然といえるでしょう。しかし，最近，こうした状況は大きく変化してきました。きっかけになったのは，2017 年 3 月に発表された政府の「働き方改革実現会議」による「働き方改革実行計画」[24]の決定でしょう。この計画の「5. 柔軟な働き方がしやすい環境整備」の中に「副業・兼業の推進に向けたガイドラインや改定版モデル就業規則の策定」が盛り込まれたのです。具体的には「労働者の健康確保に留意しつつ」としながらも，「原則副業・兼業を認める方向で，副業・兼業を普及促進」が表明されたのです。従来は「原則禁止」だったことを考えると，政策が 180 度転換されたことになります。その背景には，副業・兼業を希望する労働者が近年増加している，という「働き方改革実現会議」の認識がありました。

　では，実際はどうなのでしょうか。2021 年 2 月にリクルートキャリアが発表した「兼業・副業に関する動向調査（2020）」[25]によると，2020

年12月時点で企業に勤める正社員のうち，兼業・副業を実施している人は9.8％でした。ただし，経験者を含めると15.0％に達していました。そして，未経験だが今後実施してみたいという人は41.8％にのぼりました。リクルートの調査では，兼業・副業を他企業や他者から業務依頼を受け，報酬として金銭を受け取る行為と定義しています。調査の対象が正社員なので，正社員としての本業とは別に，金銭を受け取る業務に関わっていることになります。兼業・副業についての一般的な定義と考えていいでしょう。なお，日本語に「ダブルワーク」という言葉があります。これは和製英語です。英語では，不必要な作業を繰り返すことを意味します。日本語の「二度手間」と同様，ネガティブな言葉なので，注意してください。

　上記の定義では「金銭」に重点が置かれていることに気づくでしょう。リクルートの調査でも，経験者の兼業・副業の効果実感では「副収入が得られた」が43％，未経験者の期待する効果では「副収入を得たい」が49.5％と，いずれも最も多い回答（複数回答可）になっています。ただし，経験者が実施したきっかけは「している人が身近にいた」が最も多く31.0％，次いで「自分のキャリアを見つめ直したい」（21.9％）が続いています。

　これに対して，パラレルキャリアは，経営学者のピーター・F・ドラッカーが『明日を支配するもの[(26)]』などの著書で提唱した概念と考えている人もいます。たしかにドラッカーは，パラレルキャリアという概念を提唱しています。しかし，現在の日本で多く用いられている定義とは異なる面があることに注意が必要です。日本では，兼業・副業が「金銭」を報酬として受け取ることが目的とされているためもあるのでしょう。パラレルキャリアを「金銭」が目的ではなく，個人のスキルアップや視野の拡大，将来に向けての自己投資としての手段と見なす考えが強いようです。ドラッカーも，こうした考えを全否定しているわけではありませんが，彼の基本認識は，長寿化により，人生が二度ある時代に

なってきているという点にあります。二度ある人生の後半にパラレル
キャリアを築く人が登場してくる，といいます。前半の人生で成果をあ
げた人の多くは，後半でも，その仕事をフルタイムで継続します。しか
し，少数ながら，人生の後半で，それまでの仕事の時間を減らし，別に
パートタイムの仕事などを始めていくようになります。ドラッカーは，
こうした働き方をパラレルキャリアと呼んだのです。そして，パートタ
イムの仕事の場は，主としてNPOです。

　このように，ドラッカーのパラレルキャリアの考えは，限定された
人々による，限定された仕事，あるいは働き方になります。しかし，長
寿化という，人生100年時代と同様な概念に基づき，人生の後半に社会
に目を向けて働く道を選んでいくという選択。それは，本書が考える
「自分らしい生き方」の追及にもつながることではないでしょうか。兼
業・副業，あるいはパラレルキャリアとして働く先は，本業と別の会社
や組織になります。そこで，本業とは別の経験を通じて，技術や知識を
得ていくことができるのです。したがって，リカレント教育に求められ
ることが多い金銭的な負担は生じないどころか，追加的な収入を得る可
能性もあります。

　本書を手にしている学生や社会人の皆さんの多くは，学生時代にイン
ターンやボランティアとして企業やNPOで働いた経験があるのではな
いでしょうか。大学で勉強を教わるには，学費を支払わなければなりま
せん。しかし，インターンやボランティアであれば，交通費や食費など
を除けば，ほとんど出費は不要だったのではないでしょうか。兼業・副
業，あるいはパラレルキャリアは，第二の人生におけるキャリア選択に
向けた適性などを確認する手段にもなります。転職や起業の前のリスク
対策という意味合いも含め，それぞれの特性を理解したうえで，ご自身
のキャリアデザインの参考にしていただければ幸いです。

(1) 朝日新聞，2022 年 9 月 14 日（木），朝刊，13 版，pp.14 – 15

(2) 朝日新聞，2022 年 9 月 14 日（木），朝刊，13 版，p.15

(3) "The Smithsonian Institution National Museum of Natural History, Human Evolution Interactive Timeline," https://humanorigins.si.edu/evidence/human-evolution-interactive-timeline，2023 年 7 月 25 日アクセス

(4) Sahlins, *Marshall Stone Age Economics*, Chicago IL, Aldine· Atherton 1972,

(5) F.D. McCarthy and M. McArthur, "The food quest and the time factor in Aboriginal economic life," C.P. Mountford ed. *Records of the American–Australian Scientific Expedition to Arnhem Land*, Vol. 2, Anthropology and nutrition, Melbourne: Melbourne University Press, 1960; 145 – 194.

(6) 明石茂生「気候変動と文明の崩壊」『成城大學經濟研究成城大學經濟研究』169，2005 – 06 年，37 – 87

(7) 村山昇『働き方の哲学——360 度の視点で仕事を考える』ディスカヴァー・トゥエンティワン，2018 年

(8) 坂巻秀明「労働概念の歴史——古典古代から宗教改革まで」『東京女子大学社会学年報』第 8 号，2020 年

(9) カール・マルクス『ゴータ綱領批判』望月清司訳，岩波文庫，1975 年

(10) W.H. ホワイト『組織のなかの人間 上——オーガニゼーション・マン』〈現代社会科学叢書〉岡部慶三・藤永保訳，東京創元社，1959 年

(11) John Maynard Keynes, "Economic Possibilities for our Grandchildren (1930)," https://www.aspeninstitute.org/wp-content/uploads/files/content/upload/Intro_and_Section_I.pdf，2023 年 7 月 25 日アクセス

(12) ジェームズ・C・アベグレン『日本の経営』占部都美・森義昭訳，ダイヤモンド社，1958 年

(13) 池田信夫『希望を捨てる勇気——停滞と成長の経済学』ダイヤモンド社，2009 年

(14) 労働政策研究・研修機構「統計情報・平均勤続年数」，https://www.jil.go.jp/kokunai/statistics/timeseries/html/g0213_01.htmlf，2023 年 7 月 25 日アクセス

(15) 厚生労働省・人材開発統括官付 若年者・キャリア形成支援担当参事官室「平成 30 年度 地元の多様な雇用の受け皿の整備業務」地域限定正社員制度導入事例集，2019 年 2 月

(16) ユニクロ「プレスリリース，地域限定正社員制度の運用開始に関するお知らせ」2007 年 3 月 5 日，https://www.uniqlo.com/jp/ja/contents/corp/press-release/2007/03/post_69.htmlf，2023 年 7 月 25 日アクセス

(17) 株式会社パーソル総合研究所「ジョブ型人事制度に関する企業実態調査」2021 年 6 月，https://rc.persol-group.co.jp/thinktank/data/employment.html，2023 年 7 月 25 日アクセス

(18) 日本経済新聞「「脱一律」で人材磨く　経団連，労使交渉変革へ指針」2020 年 1 月 21 日，

https://www.nikkei.com/article/DGXMZO54640500R20C20A1EE8000/f，2023 年 7 月
25 日アクセス

(19) マイナビ「ジョブ型雇用と働き方への意識調査」2021 年 11 月 9 日，https://tenshoku.
mynavi.jp/knowhow/careertrend/08/，2023 年 7 月 25 日アクセス

(20) 厚生労働省「多様な就業形態に関する実態調査」2010 年 8 月実施，https://www.mhlw.
go.jp/file/05-Shingikai-11201000-Roudoukijunkyoku-Soumuka/0000022665.pdf，2023 年
7 月 25 日アクセス

(21) John Donovan and Cathy Benko, "AT&T's Talent Overhaul," *Harvard Business
Review*, October 2016, 68-73, https://hbsp.harvard.edu/product/R1610E-PDF-ENG，
2023 年 7 月 25 日アクセス

(22) はたらこねっと「「リカレント教育（学び直し）」について」2018 年 8 − 10 月，https://
www.hatarako.net/contents/enquete/result/201901/，2023 年 7 月 25 日アクセス

(23) 日本経済団体連合会「大学等が実施するリカレント教育に関するアンケート調査」2021
年 2 月，https://www.keidanren.or.jp/policy/2021/017.pdf，2023 年 7 月 25 日アクセス

(24) 働き方改革実現会議「働き方改革実行計画」2017 年 3 月，https://www.
mhlw.go.jp/file/05-Shingikai-12602000-Seisakutoukatsukan-Sanjikanshitsu_
Roudouseisakutantou/0000173130.pdf、2023 年 1 月 19 日アクセス

(25) リクルートキャリア「兼業・副業に関する動向調査（2020）」2021 年 2 月 25 日　2023 年
7 月 25 日アクセス

(26) 原著（英語）のタイトルは *Management Challenges for the 21st Century* で，1999 年に
イギリス・ロンドンの学術出版社，Routledge から発行。日本語版は同年，ダイヤモン
ド社から発行

迫田 雷蔵さん

株式会社日立アカデミー
取締役社長

1983年日立製作所入社。一貫して人事・総務関係の業務を担当。2003年から本社で処遇制度改革を推進。2005～09年，Hitachi Data Systems で HR 部門 Vice President。その後，本社グローバルタレントマネジメント部長，中国アジア人財本部長，人事勤労本部長等を経て，2017年日立総合経営研修所取締役社長 就任，2019年4月より現職。

必要となることを自分で学んでいく

平岩：日立製作所は，社員のスキルを向上させるリスキリングを，早くから積極的に進めているとお聞きします。日立グループ全体の人材育成を担っている日立アカデミーでは，どのような取り組みをされているのですか。

迫田：60年以上前に日本初のコーポレートユニバーシティとしてできた日立経営研修所，その後，技術研修所，それからコンピューターの教育からスタートした日立インフォメーションアカデミー，それら3つの研修機関を統合して2019年に日立アカデミーが設立されました。DX，IT，OT，ビジネススキル，経営，すべての分野をカバーするかたちで研修

全般の責任を負っています。

平岩：研修の受講者は何名ぐらい，いらっしゃるんですか。

迫田：年間のべ14万人ほどが受講し，コース数は約1300です。その中でデジタル関係の受講者数は，年間2万4000人です。私ども日立アカデミーの特徴は，上流の人材戦略から一貫してやっていくことです。研修だけをつくるのではなく「この事業にはどういう人材が必要なんだろう」という点からコンサルティングに入って，人材像の定義をし，その上で必要であれば研修プログラムをつくって実施し評価する。この一連の流れを全部やるというのが基本的な考え方です。特

に重点を置いているところはグローバルリーダーの育成とデジタル対応力の強化です。

平岩：今，なぜリスキリングが注目されているのでしょうか。

迫田：世界的にデジタル化，ＤＸに注目が集まり，リスキリングの重要性がいわれるようになってきたと思います。アメリカでは，リスキリングは現職とは異なる職種に転換するための能力開発を，現職でステップアップするための能力開発はアップスキリングといいます。社外で現職とは異なる職種に転換するための能力開発はアウトスキリングという言い方をされます。しかし，一般的には，これらを合わせたものとして考えていいと思います。なぜ，今，リスキリングが重要になっているのかというと，大きく2つあると思います。ひとつは，やはり急速なテクノロジーの進化があります。とりわけ，ここ30年ぐらい，どんどん技術の進化，ITの進化が急速になっています。一方，人の寿命が長くなって，定年が70歳になりそうなように，職業人生がかなり長くなってきています。

平岩：リンダ・グラットンとアンドリュー・スコットが指摘した「ライフシフト」の時代になってきているということでしょうか。

迫田：そうですね。テクノロジーの進化と勤務期間の延長という状況を考えると，一度手に職をつけたらそれで大丈夫かと

いうと，そうではない時代にもうなっているんだと思います。これは日本に限ったことですけど，新卒一括採用がだんだん崩れてきていて，ジョブ型の採用に変わってきています。私どもでいえば，まだ新卒一括採用の方が多いんですけれど，それでも6割ぐらいで，残り4割は経験者を採用しています。多くの大企業でも半々ぐらいになってきているかと思います。転職も増えていますし，そのなかで経験者採用は高くなってきています。海外でいうとはじめからジョブ型採用なので，これは日本の特有の事情だと思います。労働市場にデジタル人材がそんなにいないということ，なおかつ，人材を獲得するのにとてもお金がかかり大変だということで，これがリスキリングに向かうひとつの理由になっていると思います。

平岩：日本のDX先進企業として知られる日立製作所ではいかがでしょうか。

迫田：日立アカデミーでやってきたこと自体が人材育成の強化だったんですけれど，デジタルというのがカギになっていると思います。私どもでいうと，ジョブ型の人材マネジメントを推進する方向に舵をきっておりますので，自発的に学ぶということが大事になってきていると思います。日本でイメージされるのが「ジョブ型っていらなくなったらすぐ人を切るんだよね」みたいな，誤解に基づくものが多いと思うんですけれど，誤解を招かないために社内では「ジョブ型人

材マネジメント」という言い方をしています。雇用を切るためのシステムではないし、マネジメントの仕方が変わるんだということをいっています。これまではキャリアを会社が決めるというのが基本でした。それが、ジョブ型の中では、自分が考えて自分で決める。そこが一番の違いだと思っています。

平岩：この本の趣旨にもつながると思いますが「自分のキャリアを自分が決める」ということですね。

迫田：やりたいことをやる。自分でやりたい仕事に就くために能力を伸ばしスキルを身につけて、その仕事を獲得するんだというふうに変わっていかないといけないと思っています。会社と個人というのは、基本的には仕事を軸にした対等なパートナーです。会社は職務を明示化し、どういった仕事が必要なんだ、どんなスキルや能力が必要なんだということを提示していく。個人は、自分は何をやりたいんだ、自分はどんなスキルをもっているんだ、自分自身のキャリアプランはどうなんだということを開示して、すり合わせていくことが基本的に必要だと思っています。この辺があるのかないのかが、実はエンゲージメントにも相当影響が出ると思っています。日立の中でも、海外と日本で比べると、海外の方が、圧倒的にエンゲージメントが高いんですよ。誤解されている方が多いと思うんですけれど、はるかに日本の方がエンゲージメン

トが低いのが実態です。ここは変えていかなければと思っています。

平岩：エンゲージメントとは、会社と個人、両方の信頼関係ということでしょうか。エンゲージメントを向上させるためには、どのようにしたらいいとお考えですか。

迫田：第一歩がジョブディスクリプションによる職務の見える化で、どんな仕事が必要なのかということをしっかり定義して、それを開示することが必要だと思っています。日立製作所ではほぼ完了していて、今、グループ会社の方も急ピッチで進めているという状況です。この中で、どのようなポジションがあり、それにはどんな能力が必要なのかというようなことをきっちり提示するということをやっています。まず、ジョブディスクリプションがあることでスキルを明確化することができますし、それをもとに、どうやって自分のキャリアを伸ばしていくのか計画を立てて、自ら、あるいは上長がサポートしながらリスキリングの実行をしていくというのが大きな流れです。

平岩：そうしたリスキリングを進めていくには、どのようなことが大切とお考えですか。

迫田：リスキリングの重要なポイントは4つあると思っています。1つ目が、本人の背中を押すということ。これまでは、キャリアは会社が考えるというパターンだったと思うんですが、それぞれの人が

考えていくように本人の背中を押すということが非常に大事だと思っています。2つ目が、そのためには、それを支援できる上長が絶対必要で、キャリアのコンサルティングというか、キャリア支援ができるマネージャーにしていかなければいけないというのが課題であります。3つ目が、それぞれの人に合った必要なものが、必要な時に受けられるカフェテリア型で教育が提供できるというかたちが必要だと思っています。4つ目は、そういう学びのサイクルが回っていくように、学びの習慣化を促進することが必要だと思っています。私どもでは、学習体験プラットフォームLXP（Learning Experience Platform）という、自分のやりたい仕事や、もっているスキルなどを登録することによって、最適な訓練をAIが推奨しているシステムを導入しております。それと同時にコンテンツについても学び放題で学べるものを提供して、それを自分で選んで学んでもらうということを進めています。

平岩：一人ひとりのキャリア志向に合わせた自律的な学び、リスキリングを支援する仕組みとしてLXPを導入されているのですね。迫田社長は、人材育成をどのように考えてこれまでやってこられたのですか。

迫田：会社ができた1910年に、創業小屋で事業をはじめたのと同時に徒弟養成所という学校をつくって、それが今も延々と続いているんですよね。事業がどうなるかわからない時に、養成所をつくるというのは、はじめから教育に熱心な会社ではないかなと思います。また創業50年を迎える頃に教育綱領をつくり基本的な考え方を示しています。日立における人材育成の思想として「誘掖と自彊」という考え方があります。昔の言葉ですけれども「誘掖」は、力を貸して導くこと、先輩が後輩を、リーダーが次のリーダーを育てるんだというのが基本的な思想といってもいいと思います。もうひとつが「自彊」。自ら努め励むこと、自らが強くする、自らが能力を上げていくんだと、この2つが日立の中で根付いてる考え方だと思います。そういう思想はこれからの時代にあうのではないか、時代を超えているところがあるなと思っています。

平岩：会社をはじめた時から人材を大切に育成してというのは、企業文化みたいな形で、皆さんに根付いているということなんですね。

迫田：そうですね、日立製作所は日本で最初に電機品（5馬力誘導電動機）を設計製造した会社です。まだ誰もつくったことがないものをつくろうとすると、結局、頼れるのは人の力しかないんだろうなと思います。

平岩：人事のプロでいらっしゃる迫田社長としては、今後、企業で働いていく人には、どのような資質が求められるとお

考えですか。

迫田：どういう人が今後，伸びていくか
ということになるかと思うんですが，大
変な状況でもやり続ける意識をもってい
ることが大切だと思いますね。社会は
変化するのが当たり前なので，その中で，
どれだけアジャイルに変わっていけるか
ということだと思います。自分自身が変
わっていくことを受け入れて，変化に立
ち向かっていくマインドがないと厳しい
と思います。変化が早いなかで，必要と
なることを自分で学んでいけるというこ
とが，これからの人たちに必要だと思い
ます。

平岩：最後に，読者の皆さんにメッセー
ジをお願いします。

迫田：自分の 志 をしっかり磨いていっ
てほしいと思います。最後までやり抜く
ための拠り所は，そこだと思うんですよ。
自分が実現したいことのためにというの
が，立ち向かっていける力だと思います。
自分の深いところにある志を大切にして
ほしいと思います。

平岩：迫田社長のお話を聞いて，働く人
にとってリスキリングとは，急速な社会
変化の中で自分自身の役割を再発見して，
新しい状況に適合させていく努力であり，
会社はその努力を支援していくというス
タンスを感じました。それは「自分らし
いキャリア」をつくるうえでの助けにも
なると思います。ありがとうございまし
た。

第3章
仕事と生活の変化とキャリア

2023年1月22日，国枝慎吾さんが引退を発表しました。いわずと知れた，車いすテニスの第一人者です。引退の声明のなかで，国枝さんは「昨年念願のウィンブルドンタイトルを獲得」したことを理由のひとつにあげていました。テニスファンならご存じでしょうが，「ウィンブルドン」とは，イギリス・ロンドンのウィンブルドンで開催されるテニスの国際大会です。といっても，ただの国際大会ではありません。全豪，全仏，全米に並ぶ，いわゆる4大大会のひとつです。この4つの大会は，グランドスラムとも呼ばれています。そして，選手生活を通じて，4大大会で優勝することを「キャリアグランドスラム」といいます。国枝さんは，2007年に全豪，全仏，全米で優勝。ウィンブルドンの勝利はなかなか手にできないでいましたが，2022年，ついに念願がかなったのです。この間，4大大会に匹敵するマスターズ（アメリカ）やパラリンピックでも優勝を重ねてきました。「もう十分やり切った」と感じるのは，自然かもしれません。「キャリアグランドスラム」という言葉は，テニスだけに用いられているのではありません。ゴルフでも，全米オープン・全英オープン・全米プロゴルフ選手権・マスターズの4大会で優

勝すると同じ言葉によって栄誉が称えられます。

　ところで，皆さんは，もうお気づきになられたでしょうか。「キャリア」という言葉が入っていますよね。プロ野球でも「今年はキャリアハイの記録を達成できた」という言葉を時々耳にします。プロになってから，最も成績がよかった，という意味です。このように「キャリア」という言葉は，仕事との関係で用いられることが多いことに気づくでしょう。キャリアアップ，キャリアウーマン，キャリアカウンセラー，キャリアダウン，キャリアデザイン，キャリアパス……。いずれも仕事との関連をイメージさせています。

　これらの言葉だけではありません。皆さんの多くは，「キャリア教育」を受けたことがあるでしょう。「キャリア教育」の定義は，確立しているわけではありませんが，2011年1月に中央教育審議会が発表した「今後の学校におけるキャリア教育・職業教育の在り方について」(答申)⁽¹⁾は，次のように述べています。

　「一人一人の社会的・職業的自立に向け，必要な基盤となる能力や態度を育てることを通して，キャリア発達を促す教育」

　答申のタイトルの中に，「キャリア教育・職業教育」という言葉があることに示唆されるように「キャリア」と「職業」，すなわち仕事は強く関連させられながら論じられてきたといっていいでしょう。同様の傾向は，大学でも見られます。広島大学は1998年5月，全国の国立大学に先駆けて，全学的な就職支援組織として「学生就職センター」を開設しました。そして，2004年に「キャリアセンター」に改称。現在は「グローバルキャリアデザインセンター」に改組し，入学時から将来に向けたキャリアデザイン支援に取り組んでいます。「大学におけるキャリア教育プログラムの事例調査⁽²⁾」によれば，広島大学では，全学部・全学年に開かれている教養教育科目のなかに「キャリア教育領域」を設け「職業選択と自己実現―自分のキャリアをデザインしよう―」「キャリアデザイン概論」を開講しています。また，2003年に日本で初めてキャリ

アデザインを専攻とする学部を設置した法政大学では、「キャリアとは自分らしい生き方である」と捉え、入学時からキャリア形成をきめ細かくサポートしています。広島大学の「自己実現」、そして法政大学の「自分らしい生き方」。これらは、本書の「キャリア」への捉え方と同様といっていいでしょう。

では、「自己実現」や「自分らしい生き方」は、どうやったら実現できるのでしょうか。本章の問題意識は、ここにあります。とはいえ、何を実現したいのか、そして自分らしさとは何か、という問いへの答えは、一人ひとり異なります。したがって、定義があるわけではありません。このような状況を踏まえ、まず「自分らしい生き方」について、人々のキャリアにおける役割を4つにわけて考えていきます。この作業を通じて、読者の皆さん一人ひとりが、自分だったらどのような生き方をしたいのか、できるのかについて判断する材料を手にすることができればと思っています。これが、本章の第1節になります。

そのうえで、第2節以降で4つの役割のひとつひとつについて「自分らしい生き方」を実践してきた人々の姿を見ていきます。いわゆる事例紹介ですが、これにより「自分らしい生き方」のイメージが具体的になることを期待しています。なお、「自分らしい生き方」を見出すためには「自分探し」などに自ら取り組むことが必要ですが、それを支援する民間の活動や政府の政策・制度も紹介していきたいと思います。

1　キャリアの全体像から考える「自分らしい生き方」

私たちは「生き方」そして「自分らしい生き方」というテーマに、どの程度関心があるのでしょうか。こんな疑問から、大手書店の紀伊國屋のウェブサイトで「生き方」と「自分らしい生き方」の本を検索してみました。すると、「生き方」については実に1万3803件もの本がヒットしたのです。「自分らしい生き方」についても148件ありました。この

ことは，私たちが「生き方」，そして「自分らしい生き方」に強い関心をもっていることを示しているといってよいのかもしれません。

❖ 「自分らしい生き方」を考える枠組みにおけるスーパーの理論

　「生き方」や「自分らしい生き方」について多くの本が出ているのは，どのような「生き方」や「自分らしい生き方」がふさわしいのかは，一人ひとり異なる現実の反映でしょう。これらの概念に関する一律の定義の提示はできないだけではなく，すべきではないといえます。そこで，スーパーの理論を活用して「生き方」や「自分らしい生き方」について考える枠組を作成し，次節以降のフレームワークとして活用していきたいと思います。なお，ここでいうスーパーとは，アメリカのキャリア研究者，ドナルド・E・スーパーのことです。次章でも取り上げますが，ここでは「生き方」や「自分らしい生き方」について考える枠組みの基礎として用いることになります。

　1910 年に生まれたスーパーは，1950 年代にキャリア構築や職業選択を定義付けした独自の理論「キャリア発達理論」を打ち立てました。「キャリアの古典」といわれ，現在でも多くの研究者や実践家が参考にしている理論です。スーパーは，「キャリア発達理論」の中心に「自己概念」という考えを設定しています。「自己概念」とは，キャリアを通じて追求したいと考える「自分らしさ」のことで，本書の中心概念でもあります。この「自己概念」＝「自分らしさ」を追及していく際に，ライフステージとライフロールという概念を提示しています。

　ライフステージとは，自己概念を中核としながら，キャリア発達のために経験する各段階のことです。具体的には，成長（0〜15 歳）・探索（16〜25 歳）・確立（26 から 45 歳）・維持（46〜65 歳）・下降（66 歳以降）の 5 段階に分かれています。ライフロールは，人生のなかで演じる役割のことです。スーパーは，子ども・学生・労働者（職業人）・配偶者・家庭人・親・余暇人・市民に分けています。なお，家庭人として

表3-1　ライフステージとライフロールの組み合わせ

ライフステージ		0-15 歳 成長	16-25 歳 探索	26-45 歳 確立	46-65 歳 維持	66 歳以降 下降
ライフロール	子ども	○	○	○		
	学生	○	○			
	労働者（職業人）		○	○	○	
	配偶者			○	○	○
	家庭人			○	○	○
	親			○	○	○
	余暇人	○	○	○	○	○
	市民	○	○	○	○	○

(注) ライフロールの「○」は該当する部分
(出典) スーパーの「キャリア発達理論」を参考に筆者が作成

の役割とは，家事などを意味します。表3-1は，スーパーの「キャリア発達理論」にあるライフステージとライフロールを組みあわせて，それぞれのライフステージごとに，どのようなライフロールを演じることになるか示したものです。とはいえ，前述のように，スーパーの理論が作られたのは，1950年代のことです。その後，人々の寿命は延び，社会も大きく変わりました。すなわち，人生100年時代です。そして，ライフシフトが求められるようになっています。

　このため，現在にあてはめると，探索と確立の間に「自分探し」が必要になったり，確立と維持の時代にリカレントやリスキリングが求められるようになっているといえるでしょう。また，労働者（職業人）の時期が65歳までで終わるのではなく，70代に延びることも念頭に置いておくようになっています。

❖ライフロールの再編と「自分らしい生き方」への選択

　スーパーは，人々のライフロールを子ども・学生・労働者（職業人）・配偶者・家庭人・親・余暇人・市民に分けていることは，すでに述べた通りです。また，これらの役割をライフステージに対応させると，概ね

表3-1のようになると考えられていました。しかし，現在そして将来を生きる私たちが「生き方」や「自分らしい生き方」について考えていくには，前述のように，ライフステージの時間軸をのばしたり，「自分探し」のような追加的な作業を加えるだけでは不十分ではないでしょうか。8つのライフロールを再編するとともに「自分らしい生き方」を実現させていくために，選択が求められることになります。

　具体的な案を提示しましょう。子ども・学生・労働者（職業人）・配偶者・家庭人・親・余暇人・市民の8つのうち，最初の2つ，すなわち子どもと学生は，職業や家庭をもち，社会人となる前の準備段階が中心と考えられます。ただし，子どもは親に扶養されるだけでなく，年老いた親の面倒をみる存在でもあります。また，リスキリングという言葉が注目されてきたように，学びは概ね20代前半までの学生だけの役割ではなくなってきています。配偶者・家庭人・親の3つは，結婚して家庭をもった人々が主に担う役割です。もちろん，未婚であっても，婚外子を産み，育てるということを否定するつもりはありません。また，家事を一切しないということも考えにくいでしょう。では，余暇人・市民の役割はどうでしょうか。余暇や市民としての役割，例えばボランティア活動などを重視する人もいれば，無関心な人もいるでしょう。つまり，人によりウエイトの違いが大きいことが想定されます。以上を踏まえると，スーパーのライフステージとライフロールは，次のように整理することができそうです。

・学びの段階としての子どもと学生＝学習者
・仕事を通じて生活の糧を得る，あるいは自己実現を果たしていく確立と維持の時期における労働者＝職業者
・配偶者とともに家庭を築き，親として子育てなどを行う人＝家庭者
・余暇や社会活動を通じて社会的に自己実現を追及する人＝社会者

表3-2　GSKS モデルにおける年代別役割

		0-15歳	16-25歳	26-45歳	46-75歳	76歳以降
ライフステージ		成長	探索	確立	維持	下降
ライフロール	学習者	◎	◎〜△	○	○	△
	職業者		○	◎〜△	◎〜△	△
	家庭者		○〜△	○〜△	◎〜△	○〜△
	社会者	〜◎	〜◎	〜◎	〜◎	〜◎

(出典) スーパーの「キャリア発達理論」を応用して筆者が考案

　ここで重要なのは，以上の４種類の「者」の分類を示すことではありません。ただし，便宜的に，それぞれの頭文字をアルファベットで示して，GSKS モデルと命名させていただきます。この GSKS モデルをイメージしやすいように作成したのが，表３-２です。表３-１の「ライフステージとライフロールの組み合わせ」と比較していただくと，わかりやすいのではないでしょうか。

　なお，表３-１は「○」によって，それぞれの役割を担うのか，担わないのかの二者択一的に表現しています。ただし，これらはあくまで最大公約数的なものですので，実際には一人ひとり違った内容になります。表３-２では，この「個人差」を考慮しています。役割がないと想定される「無記入」の他，「△」，「○」，「◎」の３つのレベルに分けています。この順番に沿って，プライオリティやウエイトが高まることになるので，それぞれの年代における役割がどのレベルになることが「自分らしい生き方」なのか，考えてみてください。

　このように，GSKS モデルの狙いは，読者の皆さん一人ひとりが，それぞれの項目にプライオリティやウエイトをつけてもらうことです。すなわち，「自分らしく生きる」にあたって，どの項目を最も重視するのか，そのために全体のバランスをどのように取るのかといったことを考え，決めていっていただくうえで参考になると思います。

　例えば，仕事を通じて，自己実現を図ることが最も重要と考えている

としましょう。その場合，家庭人として生きることは考えないのか，あるいは専業主婦（主夫）と結婚するのか，といった選択が出てくるのではないか，ということです。また，家庭第一主義を目指すのであれば，労働者（職業人）としての立場は，例えば前章で述べた地域限定社員の選択、就業日や労働時間が限定された仕事に就く必要性が出てくるかもしれません。なお，「自分らしく生きる」にあたって，どの項目を最も重視するのかなどについて考えていくには，自己分析が必要になります。先のスーパーの理論をはじめとしたキャリアに関するさまざまな理論の詳細や，この自己分析の手法などについては次章で詳しくみていきます。

2　ライフロールその1　学習者

「八十の手習い」という言葉を聞いたことがあるでしょうか。

江戸初期の 1633 年，松江重頼が編者となって刊行された俳諧集，犬子集（えのこしゅう）に出てくる言葉だそうです。この語源については初耳かもしれませんが，何かを習い始めるのに遅すぎることはないという意味だということは，ご存じでしょう。「八十」とは年をとっていること，「手習い」とは何かを学ぶことです。英語でも，Never too old to learn または It is never too late to learn のように，同様の意味の言葉があります。

長岡三重子さんは，この言葉を地でいった人といえるでしょう。1914 年に山口県で生まれ，亡くなったのは 2021 年。長岡さんの人生は，106 年という長い年月を通じて，数々の「手習い」を続けてきました。地元の高等女学校を卒業後，藁工品の卸問屋を経営する男性と結婚。2 人の子どもを産み，専業主婦としての生活を送っていました。ここまでは，当時としては，ごく普通の女性の生き方といえたかもしれません。しかし，1968 年，53 歳の時に夫が死亡。この頃，藁工品は斜陽になってきたのですが，需要が高まりつつあった「籾殻」に目をつけ，経営を拡大し，実業家として名を知られるようになったのです。その後，地元の呉

服店から能楽を始めるよう勧められ，55 歳で観世流の下川正謡会に弟子入り。67 歳の時に初めて能面をつけて「羽衣」を舞い，やがて国立能楽堂や大江能楽堂などでも演じる，能楽師になりました。

　しかし，80 歳の時，膝に水が溜まり，能ができなくなったのですが，長男の勧めで水泳を開始。文字通り，「八十の手習い」です。そして，92 歳で参加した，世界マスターズ選手権で金メダルを獲得。100 歳だった 2015 年には，女子 1500 メートル自由形の 100 ～ 104 歳の部において世界で初めて完泳，「人生 100 年時代」の象徴的な存在として話題になった，水泳選手でもあるのです。

　「よほど，才能に恵まれていたんだろう」と思われるかもしれません。しかし，能の練習では師匠にいわれたことができず，悔しい時間を送ったといわれています。水泳についても，25 メートル泳げるようになるまで，1 年かかったそうです。天才ではなく，努力の人，だったのでしょう。誰もが長岡さんのようになれるわけではありません。とはいえ，「八十の手習い」といわれるように，年を重ねても，目標をもち，努力して続けていくことは可能であるだけではありません。「人生 100 年時代」では，そうした「手習い」を続けていくことが，自らの人生を豊かにするとともに，自分らしい生き方を作り上げていくのではないでしょうか。

❖学校制度とそれ以外の学びの体系
　「手習い」についての長岡さんのストーリーは，前節で紹介したGSKS モデルのライフステージでいうと，維持・下降の時期に該当します。にもかかわらず，大きく成長し続けてきたのではないでしょうか。同じようにはなれないだろう，と思いながらも，人間，いつまでも成長できるんだな，と希望を与えてくれるような気がしますね。
　長岡さんの経験は「手習い」ですので，GSKS モデルのライフロールでいえば，「学習者」としての実績になります。この「学習者」だけの

表3-3　GSKS モデルにおける「学習者」のライフステージとライフロール

		0-15 歳	16-25 歳	26-45 歳	46-75 歳	76 歳以降
ライフステージ		成長	探索	確立	維持	下降
ライフロール	学習者	◎	◎〜△	○	○	△

（出典）スーパーの「キャリア発達理論」を応用して筆者が作成

　ライフロールとライフステージを取り出すと，表３−３のようになります。ライフステージにおける成長期は，幼稚園や小中学校の時期です。将来のためにも学びが重視される時期ですので，「◎」がついていることに違和感はないでしょう。

　では，探索期についてはどう思われますか。高校・大学・大学院と学びを続けていくのであれば「◎」ですが，高校や大学を出て，働く人もいます。働いていても学びが必要ですが，フルタイムで，学校で学んでいないので「△」までと幅を持たせました。確立と維持の期間が「○」になっているのは，前章で見たリカレント教育やリスキリングへの積極的な関りが求められてくることを想定したためです。

　成長と探索の時期における学びは，土日や夏休みなどを除いて，小中高，そして大学という教育機関に毎日フルタイムで通う形が一般的といえます。小中高の場合は，一日の授業が終わった後，部活をしたり，塾に通ったり，習い事をする人もいるでしょう。大学生になると，部活やサークル，あるいはアルバイトに精を出す人がいますね。ただし，アルバイトは，基本的に労働なので「職業者」として位置づけられることになります。

　義務教育である小中学校については，「義務」なので，皆が通っていると考えられているかもしれません。しかし，「不登校」あるいは「登校拒否」があります。1968 年に開かれた日本児童青年精神医学会において，精神医学者の清水将之が初めて使った言葉といわれています。当時は，病気や貧困，非行などの理由によって登校しない場合は，「不登校」とはみなされていませんでした。文部科学省が 2021 年 11 月 25

日に開催した「不登校に関する調査研究協力者会議」の資料によると⁽⁴⁾,小・中学校における長期欠席者数は 28 万 7747 人（前年度 25 万 2825 人）にのぼっています。このうち不登校によるものは 19 万 6127 人（前年度 18 万 1272 人）で，新型コロナウイルスの感染回避によるものは 2 万 905 人でした。なお，この調査では，長期欠席の理由を病気，経済的理由，コロナ感染回避，不登校とその他に分類しています。2019 年度の小学校と中学校の児童・生徒数は，958 万人余りです⁽⁵⁾。したがって，不登校の割合は，2％程度にすぎません。とはいえ，50 人にひとりなので，1 ～ 2 クラスにひとりはいる計算になります。

　学校を卒業した後，確立・維持の時期になっても，学びは続きます。前章で紹介したリカレント教育やリスキリングなどはその一例です。プロボノと呼ばれる，仕事の経験を生かしたボランティア活動に参加する社会人も増えてきました。これらは，学びの一種ですが，「職業者」とも関連しているので，次節で考えていくことにします。

❖学びの選択，その選択を支える活動や制度

　以前から，成長期の子どもが何を学ぶのかを保護者が決めるというケースは多くありました。「子どもの権利」が重視される今日でも，この状態はあまり変わらないのではないでしょうか。換言すれば，学びの提供における保護者の責任の重要性を示しています。義務教育を受けさせたり，子どもが望む場合，経済的な状況などが許せば，スポーツや文化活動などに参加させていくことなどが，その具体的な内容といえるでしょう。また，成長期の子どもに生じた問題や課題についても，保護者の責任が伴います。とはいえ，問題への対処は容易ではありません。知人や学校の教員に相談するだけではなく，専門的なアドバイスを受けることが必要かもしれません。

　ここでは，「不登校」の場合，どのような支援策があるか考えてみたいと思います。子どもが通う学校に相談することが第一でしょうが，そ

こで解決できない場合，まず情報収集が必要になると思われます。とはいえ，不登校に関する情報はどこで手に入れることができるのかわからない，といわれる方が大半ではないでしょうか。そんな方に参考になると思われるのが，1998 年に創刊された「不登校新聞」です。日本で唯一の不登校に関する新聞ですが，NPO 法人不登校新聞社から毎月 1 日と 15 日に発行されています。紙版と Web 版がありますが，両方に同様の記事が掲載されています。不登校の保護者向けの情報誌ですが，記事の内容は，不登校の専門家の意見だけでなく，子どもの声も少なくありません。当事者の生の声を知ることができる，といってもいいでしょう。不登校新聞は，有料ですが，最初の 1 か月は紙版・Web 版とも無料です。興味のある方は「試し読み」をされてはどうでしょうか。

　不登校の児童，生徒をもつ保護者が，「子どもに何とか勉強を続けてほしい」と思うのは，自然かもしれません。こうした不登校の児童・生徒を主な対象とした学校にフリースクールがあります。文部科学省は 2015 年 3 月に，「小・中学校に通っていない義務教育段階の子供が通う民間の団体・施設」，すなわちフリースクールにアンケート調査を行いました。調査の対象となった 474 団体・施設のうち，319 が回答。回収率は，67% でした。調査報告書を見ると，回答した 319 団体・施設の在籍者数は，小学校と中学校をあわせて，男子 2435 人，女子 1761 人の，合計 4196 人。前述の「不登校に関する調査研究協力者会議」の資料によると，2015 年における小学校と中学校の不登校の人数は 12 万 5991 人でした。文部科学省の調査への未回答の団体・施設も含めると，フリースクールに通う不登校の小中学生は，全体の 4 ～ 5% 程度と思われます。なお，全国各地のフリースクールの，ネットワーク化を進めている NPO 法人があります。日本フリースクール協会といい，東京と神奈川を中心に，北は宮城，南は鹿児島まで，全国 41 のフリースクールが会員になっています。横のつながりを密にして情報交換を促進し内容を高めるとともに，フリースクールや先生方に援助と助言を提供すること

を目的としています。

3 ライフロールその2 職業者

日本はメンバーシップ型だが，アメリカはジョブ型。

雇用制度の日米比較において，しばしばこのように説明されています。しかし，ある時，次のような質問を受けました。

「ねえ，先生，アメリカでも長い間，同じ会社に勤めている人が多いと聞いたんですが，これってメンバーシップ型ということなんですか。だとすると，日本と同じじゃないですか？」

ジャーナリストの池上彰さんではありませんが，「いい質問ですねえ……」という言葉が，思わず口をついて出てきそうになりました。その通り，いいえ，正確には，その通りでした。つまり，かつては長年同じ会社で働く人が少なくありませんでした。1世代だけでなく，親から子，そして孫まで，3代にわたって同じ会社，という一家もいたそうです。しかし，20世紀の終わり頃から，長期雇用は減少しています。

とはいえ，アメリカの長期雇用は，日本とは異なります。第一に，アメリカには定年制がありません。第二に，雇用は原則として at will，すなわち随意雇用です。雇用契約は，期間の定めがないため，雇用者・被用者のどちらからでも・いつでも・いかなる理由でも・理由がなくても自由に解約できるのです。日本のような定年まで解雇しない制度とは異なります。なお，アメリカでは，解雇といっても，会社と完全に雇用関係がなくなるとは限りません。レイオフという，一時的に解雇するものの，その後，リコール，つまり呼び戻す制度がとられていることが多いからです。製造業で生産過剰でしばらく減産が必要になったような時に解雇された労働者が，生産を回復させる必要が出てきた時に，復職してもらうような形をイメージするとわかりやすいでしょう。

長期雇用の下でも，アメリカではジョブ型です。つまり，職務は特定

されています。ただし，同じ会社で昇進することはありえます。これは，新しい職務が伴う仕事に応募し，採用されることによって実現します。日本のように，会社が一方的に辞令を出すということではありません。これが第三の相違です。新しい職務が伴う仕事に応募するには，その職務をこなせる必要があります。しかし，職務に必要な知識やスキルを取得しようとしても，通常，会社の支援はありません。独学にせよ，学校に行くなり，自分でやるしかないのです。ただし，最近は，人手不足や外部人材の採用にコストがかかることもあり，既存の労働者のスキルアップを支援する動きが広がっています。いずれにせよ，アメリカでは，昇進のためには学ばなければなりません。前章で紹介したリカレント教育やリスキリングの広がりは，こうした自ら学ぶことを前提としている社会の仕組みといえるでしょう。

　一方，日本では，会社という組織の一員として働き続けることにより，一定の知識やスキルが蓄積，向上していくという前提に立っていたのかもしれません。会社が辞令を通じて，昇進を実現させてきました。しかし，会社は労働者に仕事上のスキルアップを自ら行うことを求めるようになるとともに，労働者も自ら新しい知識やスキルの取得を目指すようになってきています。

　このような状況において，GSKS モデルにおける「職業者」は，仕事に必要とされる知識やスキルを獲得するだけでは十分でなくなりました。継続的にスキルアップを進めなければならなくなってきているのです。あるいは，キャリアチェンジを目指すかもしれません。なお，これらを含めて「キャリアチャレンジ」と呼んでいきます。以下，その具体例とともに，実施を支援する活動や制度について，見ていくことにしましょう。

❖教育の実学化と社会人の新たな学びの場

　「大学での勉強は，社会に出て全然役に立たなかった」

　こう卒業生にいわれた，ある教授は「社会ですぐに役立つような安っ

ぽいものではない」と答えたそうです。いまから何十年も前の話ですが……。このエピソードは，日本の大学教育がアカデミズム，すなわち純粋に真理を追究するスタンスに立ち，実学を重視してこなかったことを示しています。テキストを教材として教員が講義を行い，学生はそれを聞くという授業スタイルが，その具体的な形態といえるでしょう。

　しかし，1990年代の半ば頃から，インターンシップが注目されるようになってきました。元々，医師を目指す学生向けに，古くから活用されていた制度でした。これを一部の企業が導入，そして政府機関やNPOも受け入れ先に加わっていきました。文部科学省の資料によると，2014年度時点で大学の学部・大学院のうち72.9％が単位認定しています。これは，1997年度の5倍強の割合です。このように急拡大した背景には，政府が大学に対して社会人として必要な能力を有する人材育成を求め，その有効な手段としてインターンシップの導入を進めたことがあったと考えられます。ただし，2014年時点における学生の参加率は，2.6％にすぎません。また，実施期間も，企業・学生の5割程度が5日未満です。期間が1日という企業も44.8％，学生は28.3％と高率なので，職場の状況を垣間見る程度が多いといえるでしょう。

　では，インターンシップへの参加の目的や体験後の評価はどのようなものなのでしょうか。リクルートグループの就職ポータルサイト「リクナビ」の「みんなのインターンシップ体験談 アンケート結果(8)」によると，参加時期（複数回答可）は8月と2月が40％を超えています。これは，夏休み，春休みで参加しやすいことと関連しているのでしょう。参加理由は，「業界・企業・職種理解を深めるため」（76.3％），「就活の予行演習のため」（43.4％）が1位と2位でした。なお，3位に「自己分析を深めるため」（24.0％）が入っていますが，仕事への適性を考えたいという学生の皆さんが少なくないことを示唆しているように見えます。実際，参加後の感想には「視野が広がった」「自分に不向きなことがわかった」「働くとはどういうことかが分かり，よかった」などの記

表3-4　GSKS モデルにおける「職業者」のライフステージとライフロール

		0-15 歳	16-25 歳	26-45 歳	46-75 歳	76 歳以降
ライフステージ		成長	探索	確立	維持	下降
ライフロール	職業者	○	◎〜△	◎〜△		△

（出典）スーパーの「キャリア発達理論」を応用して筆者が作成

載がありました。インターンシップは，表3-4のGSKS モデルにおける「職業者」の，ライフステージでいえば探索の時期に含まれます。では，実際に仕事を始めた確立・維持の時期において，どのようにキャリアチャレンジが行われているのでしょうか。この点を考える前に，キャリアチャレンジについて，整理しておきたいと思います。

　①会社主体で実施する
　　例：リスキリング，社員向け自己啓発
　②労働者主体で実施する
　　例：複業，リカレント教育，プロボノ，副業

　①にあるリスキリングは，すでに述べたように，就労中の労働者の知識やスキルを向上させるため，会社主導で行うものです。社員向け自己啓発は，労働者が職業能力の向上や教養を深めるため，会社がコストを負担して実施されることが多いです。

　②は，労働者が主体的に取り組むものです。複業は，最近，用いられるようになった言葉ですが，複数の仕事を掛け持ちすることをいいます。プロボノは，職業経験を活かしたボランティア活動です。副業は複業と発音は同じですが，主な職場があり，本業以外の仕事に就くことをいいます。ただし，現実には，副業と複業が混同される例も見られるので，本書における定義であることに，ご注意ください。

　日本の企業や政府機関の大半は，副業を認めていませんでした。しかし，コロナ禍の長期化により，状況はかなり変わってきています。大

手空輸会社 ANA（全日本空輸）は，そのひとつです。2020 年 10 月，「ANA，副業を拡大　他社と雇用契約が可能に」という見出しの報道がテレビや新聞で相次いだのです。「ANA SHONAI BLUE Ambassador（ブルーアンバサダー ＝BA）」導入の背景には，こうした副業拡大の動きがありました。コロナ禍で航空需要も激減，搭乗の機会を失ったキャビンアテンダント（CA）の「救済策」として，2021 年秋に社内公募で選ばれた 5 人でスタート。山形県庄内地方で「アンバサダー」とあるように「親善大使」として様々な活動に取り組んでいます。BA は，ひと月のうち半分，羽田空港を拠点に国内線の CA として搭乗。残りの半月は庄内地方で活動します。活動内容は，祭りやフェアなどの行事参加，地元企業とのコラボによる商品開発，小中学校でのキャリア授業，ふるさと納税のアピール，SNS を駆使した観光スポットや旬の食べ物などの紹介などさまざまです。BA は，会社が企画，実施しています。しかし，CA が自ら手をあげて参加するという意味では，労働者主体ということができます。専用のホームページも作成されているので，興味のある人は，見てみるといいでしょう。

　では，プロボノはどうでしょう。プロボノの語源は，「公共善のために」を意味するラテン語「Pro Bono Publico」で，社会的な目的のために，職業上のスキルや経験を活かす活動といわれています。アメリカでは長年，低所得者や NPO などへの法律相談などの活動を無償で行う弁護士の活動として行われてきました。日本では，今世紀に入ってからアメリカの活動を参考に導入されてきました。日本におけるプロボノの老舗といわれる，NPO 法人サービスグラントによると，同法人へのプロボノ参加登録者数は，2006 年の 100 人から 2020 年には 6363 人に増加しました。この数字を見るだけでも，プロボノの広がりが感じられるでしょう。サービスグラントは，ホームページに「参加者の声」も掲載しています。ここに掲載されている人のインタビュー記事から，プロボノ活動の内容や意義を見ていきましょう。

航空会社に勤務する小林真希子さんがプロボノ活動に参加したのは，2021年。「これから先のキャリアパスを考えた時……，これまでと違う環境で何かやってみることでわかることもあるかもしれないと思い」参加したそうです。MYフィットネス研究会という団体に，事業計画立案にプロジェクトマネジャーとして，コロナの影響に対応しながら，事業存続，発展していくための事業計画立案に取り組みました。この活動について，小林さんは「私らしさを発揮する経験」だったと振り返っています。[11]

❖会社主導のキャリアチャレンジへの参加

　キャリアチャレンジの①のリスキリングや社員向け自己啓発は，会社が準備し，コストも負担してくれます。仕事に加えて学びまでできるのかという時間的な調整は別として，財政面で参加者の不安は少ないでしょう。②の副業も，ANA事例のように，会社の雇用政策や事業に組み込まれているのであれば，安心して取り組めます。しかし，リカレント教育にはコストや時間の大きな負担が必要です。これに対して，プロボノ活動は，期間限定で仕事内容もマッチングされるので，多忙な社会人にとっても，敷居が低いといえます。また，学生のインターンシップと同様に，参加者が自らを見つめ直し，適性などを判断する上で有効な手法といえるのではないでしょうか。

　キャリアチャレンジにつながる活動に参加するにはどうしたらいいのでしょうか。また，リスクを抑制するための支援策はないのでしょうか。これらの疑問にお答えするため，それぞれの参加方法と支援策について見ていきます。まず，①に該当する，リスキリングのように会社主体で実施する形の活動は，経費負担も会社が行うことが一般的です。したがって，参加者にコスト面でのリスクはない，といえるでしょう。しかし，社内で応募，選考を経て参加する場合は，一定の成果が期待されると考えておくべきです。ひとつの方法としてですが，社内で手をあげる前に，政府などが提供する講座などを受講し，実際，どのようなことを

学ぶのか確認しておくことが考えられます。「マナビ DX」は，経済産業省の審査基準を満たした，デジタルに関するスキルを身につける講座を探すことができます。また，掲載している講座のなかには，受講費用等の補助が受けられる講座もあります。詳細は以下をご覧ください。

・マナビ DX
　https://manabi-dx.ipa.go.jp

　リスキリングは，労働者の参加に必要な費用などを原則として会社が負担する形で実施される活動です。とはいえ，その推進には政府の支援策も必要です。経済産業省は 2022 年 12 月 19 日「リスキリングを通じたキャリアアップ支援事業」に係る基金設置法人と事務局の公募を行いました。そして，2023 年 2 月 7 日，選考の結果，基金設置法人については環境パートナーシップ会議，事務局については野村総合研究所を選出したことを公表しました。「リスキリングを通じたキャリアアップ支援事業」は，在職者に対してキャリア相談，リスキリング，転職までを一貫性をもって支援することのできる体制を整備することを促進し，リスキリングと企業間・産業間の労働移動の円滑化を一体的に図ることを目的にしたものです。基金設置法人と事務局が決定されたことで，経済産業省によるリスキリングへの支援策が具体化していくことになります。

　一方，経済産業省に先立つ形で，厚生労働省は 2022 年 12 月，人材開発支援助成金に「事業展開等リスキリング支援コース」を創設しました。訓練効果の高い 10 時間以上の訓練を実施した場合に，訓練経費や訓練期間中の賃金の一部等を助成する特定訓練コースなど，5 つのコースを実施する会社に財政支援を行うものです。この支援は会社提供されるとはいえ，「賃金の一部」が助成されることで，労働者の参加が促されるといえるでしょう。社員向け自己啓発活動は，会社によって提供されますが，労働者が主な受益者になるものの，福利厚生の一環なので受益に

対価が求められることはない，と考えられます。参加のために応募しなければならないのは，リスキリングと同じでしょうが，例えば，仕事に使えるレベルの英語の会話力をつけなければならない，ということはないと考えられます。その意味では，参加しやすい仕組みです。

❖労働者主導のキャリアチャレンジへの参加

　では，労働者が主体的に参加する活動は，どうでしょうか。いずれも労働者が望み，参加するのですから，労働者自らが，コストなどを負担するのが原則と考えられます。しかし，その内容は一律ではありません。複業，リカレント教育，プロボノ，副業，それぞれの特性から検討していきましょう。

　例えば，複業であれば，労働者は働くための時間の提供は必要ですが，通常，対価として収入を得られることになります。一方，リカレント教育は，労働者自身の目的のため，休職あるいは退職して大学や大学院などに通う場合もあり，コストなどの負担は労働者が払うべきと考えられるでしょう。プロボノですが，これも労働者自身の希望で参加するという前提に立てば，交通費など実費になり，負担は労働者が払うと考えられます。副業については，会社ごとに規定が異なります。所属している以外の会社から収入を得るのですから，所属会社からの支援はない，と思われるかもしれません。しかし，副業を所属会社の仕事に活かすためという前提であれば副業先で働いた報酬を所属会社が負担する可能性はあります。その場合は，副業先の会社から報酬は受けられないでしょうが……。

　さて，これらの活動への支援策を考える場合，語彙の定義を確認しておく必要があります。支援策の提供者によって，定義が異なるからです。例えば，厚生労働省は，ウェブサイトの中で，雇用・労働政策の一環として，副業・兼業を会社が実施するためのガイドラインなどを示しています。その最後の方に「副業・兼業の事例」のリンクが張られています。

ここに7人のプロフィールや仕事先などが紹介されていますが「副業・兼業」の目的，メリットなどは多様です。したがって，これから紹介する支援策は，複業と副業が含まれているとお考え下さい。語彙としては，「副業・兼業」を用いていきます。

　前述のリスキリングと同様に「副業・兼業」への財政支援は，会社だけでなく，労働者に対しても行われます。会社に対するものには，厚生労働省の産業雇用安定助成金があります。新型コロナウイルス感染症の影響で一時的に事業の縮小を余儀なくされた会社が，在籍型出向により労働者の雇用を維持する場合，出向元・出向先の双方の事業主に対して，要した賃金や経費の一部を助成する制度です。労働者に対する支援としては，経済産業省の小規模事業者持続化補助金があります。この補助金は，個人事業者や小規模事業者向けで，販売促進に繋がる事業に必要な出費に対して，一定割合の補助がされます。2020年3月から2021年2月までの第4回公募分についてみると，申請1万6126件に対して，7128件が採択されました。⁽¹⁶⁾

　「副業・兼業」を解禁する会社などが増えつつある中で，この分野に特化した人材派遣事業も生まれてきています。働き方や稼働時間も柔軟に調整可能で，求職者のライフスタイルにあったプロジェクトをマッチングが可能というキャッチコピーを掲げているクラウドリンクスは，そのひとつです。ウェブサイトには「副業ワーカー」へのインタビューも掲載されているので，興味のある人は見てみるとよいでしょう。

　最後に，リカレント教育とプロボノへの参加や支援の方法について紹介しておきます。まず，リカレント教育ですが「学びのパスポート」を意味する「マナパス」が幅広い情報を提供しています。文部科学省が2018年から丸善雄松堂株式会社に委託し，開設・運営している社会人の学びを応援するためのポータルサイトです。「分野」「土日・夜間開講」「給付金や奨学金等の支援」などの条件で検索ができます。「給付金や奨学金等の支援」については，検索だけでなく，日本学生支援機構や

大学・地方公共団体等が行う奨学金制度も紹介されています。また，厚生労働省の教育訓練給付や人材開発支援助成金制度については，同省のサイトへのリンクという形で，情報が得られるように配慮されています。興味のある人は，以下を参照してください。

　・マナパス　　　https://manapass.jp

　プロボノは，個人での参加が中心ですが，会社がサービスグラントと連携して取り組んでいる事例もあります。現在，7つの会社がサービスグラントを通じて，労働者のプロボノ活動を支援しています。そのひとつ，パナソニックは，2011年から「Panasonic NPO/NGO サポート プロボノ プログラムを実施しています。

4　ライフロールその3　家庭者

　「こどもファーストの経済社会を作り上げ，出生率を反転させなければなりません。……年齢・性別を問わず，皆が参加する，従来とは次元の異なる少子化対策を実現したいと思います」
　2023年1月23日，岸田文雄首相は，第211国会における施政方針演説のなかで，こう述べました。いわゆる「異次元の少子化対策」です。この対策を打ち出した背景には，2022年の出生数が80万人を割り込む見込みになったことに象徴される，少子化の動きが止まらない状況があります。では，出生率の反転は可能なのでしょうか。日本は，国際的に見て婚外子，すなわち法律上の婚姻関係にない男女の間から生まれた子どもが極端に少ない国です。したがって，少子化を抑制する，すなわち出生率を高めるには，結婚，出産・子育てを希望する人が増えなければなりません。しかし，未婚の人の割合が増加しているのです。内閣府の資料(17)によると，50歳時の未婚割合は，1970年には男性1.7%，女性

3.3％でしたが，1990年以降上昇を続け，2015年には男性23.4％，女性14.1％に達しました。

若者の結婚願望も低下しています。2023年1月6日に発表された日本財団の調査によると「将来結婚したいか／実際に結婚すると思うか」という問いに対して，「したい」と回答した人は男女とも4割を超えています。しかし，「必ずすると思う」という回答は，男性で2割弱，女性では1割強にすぎません。結婚観が多様化し，結婚をして，子どもを産み，育てることは当然，という考えは通用しなくなってきています。また，第1章でも見たように，結婚をしたとしても，夫婦間の役割分担に対する考え方も変化してきています。

こうした変化は，皆さんが「自分らしい生き方」を考えるうえで，極めて重要です。結婚するかしないか，子どもをもつかもたないか，また結婚した場合，家庭内の役割をどうするかなどは「自分らしさ」に大きく関係していくからです。したがって，このような変化を踏まえたうえで，GSKS モデルの「家庭者」の生き方やそれを支える仕組みなどを見ていくことにします。

❖スーパーのモデルと異なる多様な生き方の「家庭者」

この章の第1節で見たように，ドナルド・E・スーパーは「キャリア発達理論」のライフステージの「確立期」と「維持期」において，「配偶者」「家庭人」「親」の3つのライフロールを皆が担うものと想定しています。「キャリアの古典」といわれ，今日でもキャリアの研究や実践において大きな意味を持っている理論です。しかし，この理論が打ち立てられたのは，1950年代だということに注意が必要です。

アメリカ商務省人口統計局のデータによると，1960年時点における全米の単身世帯は13％にすぎませんでした。けれども，2021年には，この割合が28％にまで増加しています。また，NPOの調査機関，Pew Research Center のレポートによると，1960年には25から54歳まで

表 3-5　世帯の類型の変化　　　　　　　　　　　　　　　　　　　　　　　　　　（単位は%）

	総数	親族のみの世帯	核家族世帯	夫婦のみの世帯	夫婦と子どもから成る世帯	男親と子どもから成る世帯	女親と子どもから成る世帯	核家族以外の世帯	非親族を含む世帯	単独世帯
1995 年	100.0	73.9	58.5	17.3	34.2	1.1	5.9	15.4	0.5	25.6
2020 年	100.0	61.0	54.2	20.1	25.1	1.3	7.7	6.8	0.9	38.1

（出典）国勢調査（総務省統計局）時系列データ・世帯数割合を基に筆者が作成

　の人の 83％は結婚していました。しかし，この割合は 1990 年に 67％，2019 年には 53％へと低下しています。

　日本の状況も，同様です。表 3‒5 は，政府統計の総合窓口，e-Stat から国勢調査（総務省統計局）時系列データ・世帯数割合[21]の一部を整理したものです。これを見ると，1995 年には「夫婦と子どもから成る世帯」が全体の 34.2％を占めていました。しかし，2020 年には，25.1％へと 10 ポイント近く減少。一方，同じ期間に，「単独世帯」は，25.6％から 38.1％へと大幅に増加しています。「単独世帯」には，高齢化により配偶者を失っている人も含まれているので，若者や中年の独身者だけではありません。とはいえ，「夫婦と子どもから成る世帯」よりも大きな割合を占めていることは注目されます。

　以上の状況を考慮すると，スーパーが「キャリア発達理論」で提示した，「配偶者」「家庭人」「親」の 3 つの役割を皆が担うものとした想定は，社会全体として有効性を失っているといえるかもしれません。少なくとも「配偶者」をもたず，「親」にならない人生を送っている人が多数存在しているのです。表 3‒6 で示した GSKS モデルにおける「家庭者」のライフステージとライフロールをご覧ください。確立期と維持期は，いずれも「◎」から「△」になっています。これは，「夫婦のみ世帯」と「夫婦と子どもから成る世帯」，「シングルペアレント（母子・父子家庭）世帯」，「単身世帯」という 4 つの類型により役割が異なるためです。以下，それぞれについて考えていきましょう。

表3-6　GSKSモデルにおける「家庭者」のライフステージとライフロール

		0-15歳	16-25歳	26-45歳	46-75歳	76歳以降
ライフステージ		成長	探索	確立	維持	下降
ライフロール	家庭者		○〜△	◎〜△	◎〜△	○〜△

（出典）スーパーの「キャリア発達理論」を応用して筆者が作成

　まず，「夫婦のみ世帯」では，非高齢世帯と高齢世帯に分けてみると，前者は専業主婦（主夫）世帯か，共働き世帯かにより大きく異なります。後者であれば，ワークライフバランスが望まれるのでしょうが，現実には，女性の負担が大きいといわれています。したがって，確立期も維持期も，男性は△，女性は◎という世帯が多いのではないでしょうか。高齢世帯の場合，老々介護を含め，介護の問題が「家庭者」として大きな位置を占めてきます。とはいえ，介護保険などを活用し，体力がある方が○，ない方は△という状態と考えられます。「夫婦と子どもから成る世帯」ですが，これは基本的にスーパーのいう「配偶者」「家庭人」「親」の3つの役割を担うことになります。では，「シングルペアレント世帯」は，どうでしょう。「配偶者」は存在しませんが「家庭人」と「親」の役割をひとりでこなさなければなりません。したがって，「○」の状態と考えられます。最後の「単身世帯」は，ライフロールに「配偶者」と「親」の役割を含まないということになるでしょう。

　このように，世帯を「夫婦のみ世帯」，「夫婦と子どもから成る世帯」，「シングルペアレント世帯」，「単身世帯」に類型化した場合，前二者は，「家庭人」としての役割は，「共働き」か「専業主婦（主夫）」なのかにより，大きく異なります。いずれの類型に入るにしても，「家庭者」としての役割を果たすうえで，どのような仕事をどのように行うのか，そしてどこに住むのかなどについて，熟考したうえで，選択しなければなりません。

　例えば，「配偶者」や「親」の役割を重視したキャリアを考えるのであれば，職住接近や移動のない職場，そして子育てに適した環境の地域での居住などが優先されるからです。逆に「単身世帯」であれば，本人の希望

に沿って仕事や住居を選ぶことが可能です。このように考えると「家庭者」としてのキャリアは，仕事や住居の選択に関連させていくことが必要ということが理解できるでしょう。ただし，住居の選択については「社会者」の立場とも大きくかかわるので，この点は次節で検討していきます。

❖ 「夫婦と子どもから成る世帯」の減少と「家庭者」の役割の変化

「シングルトン」という言葉を聞いたことがありますか。

エリック・クライネンバーグの著書，*Going Solo: The Extraordinary Rise and Surprising Appeal of Living Alone* の日本語訳のタイトルです。ニューヨーク大学の教授，クライネンバーグは，2013年に出版した Going Solo のなかで，一人暮らしの人を「シングルトン」と呼び，その人数が全世界で急増している事実を提示しました。そのうえで，一人で暮らすという人間社会における孤立的現象が，経済に及ぼす影響や世界史的転換期を示すものなのかを考察したのです。表3-5の「世帯の類型の変化」でも見たように，日本では2020年，単身世帯は全世帯の38.1%を示しています。「伝統的」ともいえる「夫婦と子どもから成る世帯」が25.1%ですから，そのほぼ1.5倍にのぼります。「シングルトン」と同様に，日本の単身世帯も，高齢になって配偶者を亡くして独り身になった人や結婚したものの離婚した人，あるいは大学に入学したり，仕事の関係で単身生活をしている人も含まれます。したがって，すべての「シングルトン」が自発的な単身者ではありません。とはいえ，かつては「独り者」といった言葉が示唆するように，ややもすれば暗いイメージがつきまとっていました。しかし，今日では，「一人暮らし」や「一人で生きる」ことを積極的に選択する人も増え，「一人」という言葉が明るいイメージに変わりつつあるのではないでしょうか。

次に，「単身世帯」以外の世帯を考えていきます。「夫婦のみ世帯」の非高齢世帯では，かつて DINKs という言葉が注目されていました。Doble Income No Kids（子どもをもたない共働き世帯）という意味です。

DINKs（ディンクス）は，子どもをもたないで生活することを望む価値観に基づいています。とはいえ，「今は子どもがいない方がいいけど，将来は子どもが欲しいよね」というカップルもいるでしょう。こういう人たちは，Dinky（"Double Income No Kids yet"）と呼ばれています。「夫婦と子どもから成る世帯」と「シングルペアレント世帯」は，子どもの存在が共通項になっています。しかし，「家庭者」の観点から見ると，前者はワークライフバランスの理念に立ち，夫婦が家事や育児を分担することが可能です。一方，「シングルペアレント世帯」は，養育者が一人なので，分担は不可能です。親元あるいは近くに親がいて，親が孫の面倒をみてくれるのであれば助かるでしょうが，家事や育児の大半は，ひとえにシングルペアレントの肩にかかっているといわざるを得ません。

　パワーカップルという言葉を聞いたことがあるでしょうか。一言でいえば，高収入を得ている共働き夫婦のことです。したがって「夫婦のみ世帯」と「夫婦と子どもから成る世帯」が対象になります。公的あるいは学術的な言葉ではありません。企業系のシンクタンクがしばしば用いています。例えば，ニッセイ基礎研では「夫婦とも年収700万円超」世帯としています。また，三菱総研では，「夫の収入が600万円以上，妻の収入が400万円以上で，世帯年収が1000万円以上の夫婦」として用いています。(23) このように，定義は明確ではありません。しかし，共働きでお金を貯めたい，金銭的に豊かな生活をしたい，というカップルにとっては，自分たちを体現する言葉ともいえるでしょう。

　「家庭者」として生きていく中で，自分自身あるいは家族がさまざまな問題に直面することがあるでしょう。病気や怪我，子どもの養育，介護，失業，生活苦など，例をあげればきりがありません。こうした問題に直面することを想定して，社会的なセーフティネットが作られています。医療保険や子育て支援，介護保険，失業保険，生活保護などです。本書は，これらを個別に説明することを目的にしているわけではありません。このため，政府の政策，民間の支援機関，そして生活を支える家

計の管理などについて，問題を感じた時に，情報を得たり，相談をする団体などを知っておいていただければと思います。以下は，その一部です。ご参照ください。

- **厚生労働省**：同省が管轄する政策を医療・福祉，子ども・子育て，福祉・介護，雇用・労働，年金，その他にわけて一覧で紹介
  https://www.mhlw.go.jp/stf/seisakunitsuite/bunya/index.html
- **全国社会福祉協議会**：全国の社会福祉協議会，民生委員・児童委員，社会福祉法人・福祉施設をはじめ，さまざまな福祉関係者とのネットワークによる連携・協働をもとに，福祉課題の改善，福祉制度の向上に取り組んでいる社会福祉法人。以下のサイトで，同法人とその関係機関が提供する地域福祉，児童福祉，障害福祉，高年福祉，国際福祉，災害時支援などを分野別に紹介
  https://www.shakyo.or.jp/bunya/index.html
- **日本 FP 協会**：ファイナンシャル・プランニングの普及啓発とファイナンシャル・プランナーの養成などを通じて，国民生活の向上と経済の発展に貢献することを目的とした金融経済教育の分野で活動する NPO 法人。ライフプランに必要な資金の確保を含めたプランの作成方法など，個人で行うためのコンテンツなどを以下のサイトで公開
  https://www.jafp.or.jp/know/

5　ライフロールその 4　社会者

　GSKS モデルにおける「社会者」は，余暇や社会活動を通じて，社会的に自己実現を追及する人です。この節では「自分らしい生き方」に関して「どこに住むのか」と関連させて考えていきます。そして，より豊かな「社会者」として生きていくための情報やアドバイスを紹介してい

表3-7　GSKS モデルにおける「社会者」のライフステージとライフロール

		0-15 歳	16-25 歳	26-45 歳	46-75 歳	76 歳以降
ライフステージ		成長	探索	確立	維持	下降
ライフロール	社会者	〜◎	〜◎	〜◎	〜◎	〜◎

(出典) スーパーの「キャリア発達理論」を応用して筆者が作成

くことにします。「社会者」の具体的な役割として，余暇や社会活動があげられます。余暇とは家族や自らが楽しむための行為といえます。一方で，社会活動は，原則として家族以外の他者のための行動です。余暇や社会活動，この２つは「やらない」という選択肢があります。逆にいえば「学習者」「職業者」「家庭者」の役割を最小限に抑え「社会者」中心の生活を送ることもありえます。表３−７で，いずれのライフロールも，「　〜◎」としたのは，そのためです。なお，「〜」の前のスペースは「ゼロ」を意味しています。

　例えば，趣味も道楽ももたない人生もあり得るでしょう。逆に，「週末にサーフィンに行くことが生きがいで，そのために働いている」というような人もいるのではないでしょうか。このような人のなかには，「職業者」としてお金を稼ぎ，「学習者」や「家庭者」の役割を極力切り詰め，「社会者」として趣味に興じる生活が「自分らしい」と考えている人もいるでしょう。

❖居住地を通じて目指す「社会者」ベースのキャリア形成

　これまでのキャリアの考え方の中心は，職業，あるいは仕事でした。なぜかといえば，仕事を通じて得る報酬が，いわゆる生活の糧の源であり，生きるために必要な最も重要な要素と考えられてきたからです。「人はパンのみに生きるものにあらず」とはいえ，パンなしには生きられません。そのパンを得るための手段を基本に置くことが，生きるうえで最も重要と見なされていても不思議ではないでしょう。

　この状況は，いまも同様です。しかし，パンを得る手段は，大きく変

化してきています。農耕社会においては，農業に従事することが事実上，唯一の手段と考えられていたといえます。工業化が進むと，工場で働き，賃金を得る形が一般化してきました。そして，産業構造において情報・知識・サービスなどを扱う第三次産業の占める割合が高まる，いわゆる脱工業化社会になると，農場や工場に変わり，店舗やオフィスが職場の中心になってきました。

　では，住居はどうでしょう。農耕社会では農場付近，工業化社会や脱工業化社会において通勤圏内というのが一般的といってよいでしょう。換言すれば，どこに住むかは，どこで働くかによって，大体の範囲が決まっていたということです。もちろん，東京の都心の銀行で働いていても，都会のマンションに住む人もいれば，近郊の一軒家を購入する人もいるでしょう。あるいは，千葉や埼玉，神奈川などの農村部の通勤圏で，ゆったりした生活を過ごしながら働くことを目指した人もいます。しかし，いずれも「通勤圏」という地理的な範囲が存在しているといえるでしょう。さらにいえば，仕事から得る報酬，すなわち給与の額によって，持ち家，マンション，賃貸集合住宅などの住居のパターンがかなり制約されてきます。すなわち，どこで働き，どれだけの収入を得ているかによって，住む場所や住居の形態がかなり決まってくるということです。

　例えば，都会で働いている人の両親が地方で高齢化したとします。しばらく前までであれば，両親の面倒をみるには，退職して，地元に戻る必要に迫られたでしょう。しかし，退職すれば，収入が閉ざされます。となれば，生活が成り立ちません。結局，時々実家に戻り「親孝行」をすることが精一杯となるのではないでしょうか。実際，私の知り合いの一人は，親の介護の関係で退職するしかないのでは，と思い悩んでいました。

　しかし，コロナ禍で状況がかなり変わってきました。おわかりと思いますが，オンラインによる仕事が増え，出社の必要性がかなり減少してきたのです。会社によっては，オンラインによる地方での就労を中心として，従来の出社を出張と呼ぶ制度を導入するようになったところもあ

ります。このようなオンライン中心の働き方は「社会者」を中心にした
キャリアを考えたい人にとって，大きな追い風といえます。例えば，そ
れまで片道1時間15分，往復で2時間半の時間をかけて通勤していた
としましょう。通勤前の身支度や，会社に到着後，一息つく時間も含め
れば，毎日3時間以上を通勤のために費やすことになります。週に5日
出社するとすれば15時間。ほぼ2日分の労働時間に匹敵します。オン
ライン勤務になれば，この大きな時間を「職業者」以外の役割，すなわ
ち「学習者」「家庭者」そして「社会者」に振り分けることができます。
例えば，サーフィンが好きな人がいたとします。通勤時間が長いと趣味
のサーフィンを楽しむ時間の確保も難しいかもしれませんが，サーフィ
ンができる海辺の近くに移住し，オンラインで働けば，趣味と仕事の両
立が可能になるかもしれません。

　それだけではありません。将来，サーファーを対象にした食事や宿泊
施設の運営やサーフィンの指導教室をつくるという夢があったとします。
趣味を仕事にしたいという一例です。このような場合，移住先の近くの
サーフィン・スクールに通い，指導者資格を取得することもできるかも
しれません。その後は，地元の子どもにボランティアでサーフィンを指
導するようなことをしてもいいでしょう。こうすれば「社会者」をベー
スにしたキャリア形成という夢に一歩近づけます。

　こんなことをいうと「それは，あくまで夢。趣味というか，道楽で生
活していけるの？」と苦言を呈されるかもしれません。しかし，江戸時
代には，三大道楽という言葉がありました。園芸と釣り，そして文芸で
す。今日，いずれもビジネスとして成り立っています。夢という名の
「自分らしい生き方」が広がっていけば，やがて社会に根付き，生活の
糧を生み出す仕事として認知されていくといえるでしょう。

❖移住で育む「自分らしい生き方」
　「社会者」をベースにしたキャリア形成には移住が不可欠，というわ

けではありません。筆者のまわりには，ボランティア活動の後，早期退職して，自らNPOを設立していく人が何人かいました。「社会者」から「職業者」になっていったといえます。こうしたキャリアチェンジを通じて「自分らしい生き方」を目指し，実践していく人が増えているのではないでしょうか。その中に，移住という生活の場の変更をともなう人も少なくありません。その具体的な例を紹介していきます。

　ひとくちに移住といっても，3つに大別できます。Uターン，Iターン，Jターンです。最初のUターンは，生まれ育った地域から一度都会に出た人が，地元に戻ることをいいます。都会の出身者が地方に移住することは，Iターンです。最後のJターンは，地方出身者が一度都会に出て，再度地方に移住することです。Uターンと似ていますが，出身地に戻るのではなく，出身地以外の地方への移住をいいます。これらの移住は，大都市の生活者にとっては，通勤時間の削減や家賃を含めた生活費の縮減などのメリットがあるといわれています。また，子どもがいる家庭では，育児の環境が改善されるなどを理由に関心が高まっているようです。その反面，地方への移住となると，移住先に仕事があるか，なければどう生活していくのかが問題になりがちです。この点は，すでに述べたようにオンライン就労の広がりでかなり改善されつつありますが，住居の確保も問題のひとつといわれています。移住者は，こうしたメリットをどう活かし，また問題に対処しているのでしょうか。

　「Suumoジャーナル」[24]は，香川県に移住した川端拓也さんと亜希さん夫妻の例を紹介しています。二人が移住したのは，小豆島の西に位置する小さな島「豊島」。「瀬戸内国際芸術祭」の開催地のひとつ，豊島に旅行で訪れた拓也さんが気に入り，移住したい気持ちを亜希さんに伝えたそうです。とはいえ，仕事は，家は，という問題を解決しなければなりません。幸い，拓也さんは，IT関係の仕事をリモートワークで続けることができました。仕事のオンライン化が助けになったのです。亜希さんは，東京でのアパレルの仕事を辞め，豊島で収穫期のイチゴ農家やオ

リーブ農園などでアルバイトをして生活を支えています。家探しは，大変だったそうですが，幸い，知人を通じて古い家を確保でき，修理して生活できるようになったといいます。生活面では，自治会に入り，地域のお祭りや定期的に地域で行う草刈りなどに参加して，地域の人たちとの交流を深めています。また，仕事についても，いずれは，自身でつくった食材や島の食材を元にお店をやろうと計画しているそうです。この記事が発行された当時，亜希さんは，妊娠中。子どもが生まれた後も住み続けたいという思いから，移住者のネットワークを使い，地域イベントなどを積極的に開催しているそうです。

　なお，移住などにあたり家を探す場合，活用できるサービスに「空き家バンク」があります。豊島を含む小豆島地域には，Ｉターンの人たちが中心になって設立した「トティエ」というNPOがあり，UIJターンの促進のための移住相談や現地ツアー，空き家の活用などの事業を実施しています。こうしたNPOや移住相談の窓口は多くの自治体が設けているので，移住に関心のある人は，インターネットで検索し，希望先の支援機関に相談されるといいでしょう。移住を通じて，それまでの生活を大きく変えることができ「自分らしい生き方」を追求できるようになるかもしれません。

(1)　中央教育審議会「今後の学校におけるキャリア教育・職業教育の在り方について（答申）」，https://warp.ndl.go.jp/info:ndljp/pid/11402417/www.mext.go.jp/b_menu/shingi/chukyo/chukyo0/toushin/1301877.htm，2023年7月25日アクセス

(2)　厚生労働省「大学におけるキャリア教育プログラムの事例調査」，https://www.mhlw.go.jp/file/06-Seisakujouhou-11800000-Shokugyounouryokukaihatsukyoku/0000090430.pdf，2023年7月25日アクセス

(3)　2023年2月4日実施

(4)　文部科学省「令和2年度児童生徒の問題行動・不登校等生徒指導上の諸課題に関する調査の結果について」2021年11月25日，https://www.mext.go.jp/content/211125-mxt_jidou02-000019146-01.pdf，2023年7月25日アクセス

(5) 文部科学省「文部科学統計要覧（令和2年版）」, https://www.mext.go.jp/b_menu/ toukei/002/002b/1417059_00003.htm, 2023年7月25日アクセス

(6) 文部科学省「小・中学校に通っていない義務教育段階の子供が通う民間の団体・施設に関する調査の結果（概要）」2015年8月5日, https://www.mext.go.jp/a_menu/ shotou/tyousa/__icsFiles/afieldfile/2015/08/05/1360614_01.pdf, 2023年7月25日アクセス

(7) 文部科学省・インターンシップの推進等に関する調査研究協力者会議「インターンシップの更なる充実に向けて 議論の取りまとめ」2017年6月16日, https:// www.mext.go.jp/b_menu/shingi/chousa/koutou/076/gaiyou/__icsFiles/afieldfi le/2017/06/16/1386864_001_1.pdf, 2023年7月25日アクセス

(8) リクナビ「みんなのインターンシップ体験談 アンケート結果」調査期間：2019年3月6日〜3月11日, https://job.rikunabi.com/contents/interntaikendan/921/, 2023年7月25日アクセス

(9) ANA「ANA SHONAI BLUE Ambassador」, https://ana-shonai.com/prof/224/, 2023年7月25日アクセス

(10) サービスグラント「数字で見るサービスグラント」, https://www.servicegrant.or.jp/ about/census/, 2023年7月25日アクセス

(11) サービスグラント「プロボノとは？／参加者の声／小林 真希子さん（プロジェクトマネジャー）」, https://www.servicegrant.or.jp/probono/voice/9356/, 2023年7月25日アクセス

(12) 経済産業省「令和4年度補正予算「リスキリングを通じたキャリアアップ支援事業」に係る基金設置法人及び事務局の採択結果について」, https://www.meti.go.jp/ information/publicoffer/saitaku/2023/s230207002.html, 2023年7月25日アクセス

(13) 厚生労働省「人材開発支援助成金」, https://www.mhlw.go.jp/stf/seisakunitsuite/ bunya/koyou_roudou/koyou/kyufukin/d01-1.html, 2023年7月25日アクセス

(14) 厚生労働省「副業・兼業」, https://www.mhlw.go.jp/stf/seisakunitsuite/bunya/ 0000192188.html, 2023年7月25日アクセス

(15) 厚生労働省「副業・兼業の事例」, https://www.mhlw.go.jp/content/11200000/ 000964047.pdf, 2023年7月25日アクセス

(16) 経済産業省・ミラサポPlus「小規模事業者持続化補助金 採択結果」, https://mirasapo-plus.go.jp/infomation/15578/, 2023年 https://mirasapo-plus.go.jp/infomation/15578/, 2023年7月25日アクセス

(17) 内閣府「平成30年版 少子化社会対策白書」, https://www8.cao.go.jp/shoushi/ shoushika/whitepaper/measures/w-2018/30webhonpen/html/b1_s1-1-3.html, 2023年7月25日アクセス

(18) 日本財団「18歳意識調査」, https://www.nippon-foundation.or.jp/app/uploads/

2023/01/new_pr_20230106_01.pdf, 2023 年 7 月 25 日アクセス

(19) US Census Bureau, Press Release, "Census Bureau Releases New Estimates on America's Families and Living Arrangements," November 29, 2021, https://www.census.gov/newsroom/press-releases/2021/families-and-living-arrangements.html, 2023 年 7 月 25 日アクセス

(20) Pew Research Center, "Rising Share of U.S. Adults Are Living Without a Spouse or Partner," https://www.pewresearch.org/social-trends/2021/10/05/rising-share-of-u-s-adults-are-living-without-a-spouse-or-partner/, OCTOBER 5, 2021, 2023 年 2 月 11 日アクセス

(21) e-Stat「国勢調査（総務省統計局）時系列データ・世帯数割合」, https://www.e-stat.go.jp/stat-search/files?page=1&layout=datalist&toukei=00200521&tstat=000001011777&cycle=0&tclass1=000001011805&tclass2val=0, 2023 年 7 月 25 日アクセス

(22) エリック・クライネンバーグ『シングルトン』白川貴子訳, 鳥影社, 2014 年

(23) カオナビ「パワーカップルとは？【定義を簡単に】世帯年収, 公務員」, https://www.kaonavi.jp/dictionary/power-couple/, 2023 年 7 月 25 日アクセス

(24) 「瀬戸内国際芸術祭の舞台、人口 800 人弱の"豊島"に移住者が増えている！「余白のある」島暮らしの魅力とは？」, https://suumo.jp/journal/2022/12/28/192244/, SUUMOj ジャーナル, 2023 年 7 月 25 日

(25) トティエ, https://totie.org/, 2023 年 7 月 25 日アクセス

池田豊人さん
香川県知事

香川県高松市出身。中学，高校時代はバスケットボールに打ち込んだスポーツ少年。大学，大学院で土木工学を学び，1986年建設省（現国土交通省）に入省。2016年，国土交通省近畿地方整備局長を経て，2018年より国土交通省道路局長を務める。2020年に退官。2022年9月，香川県知事に就任する。

人生100年時代を楽しむ社会へ

平岩：池田知事は「人生100年時代のフロンティア県」をめざし，「香川New 100 PLAN」を提唱されています。本書も，自分らしく，人生100年時代のキャリアを考えてもらうための本なのですが，県民一人ひとりの人生100年時代に対して「香川New 100 PLAN」は，どのような意味をもっているのでしょうか。

池田：人生100年時代というと，ある意味，人生が2倍楽しめる時代だと思っています。そういう時代だからこそ，2倍楽しめるような社会をつくらないといけないということです。「香川New 100 PLAN」は「県民100万人計画」というのが，まず，最初にあるんですけれども，

いろんな世代の方や，男性だったり女性だったり，障がい者の方など，多様な方が，これまで以上に働きやすい社会になれば，いろんな働き方や楽しみ方ができ，2倍楽しめるということに繋がっていくという思いを持っております。産業政策として掲げている「デジタル田園都市100計画」についても，いろんな産業にこれまで以上に誘致をし，リモートなど新しい働き方が根づくようになれば，二度楽しめる，二度社会への貢献ができるということが広がるのではないかと思います。それから，観光政策である「にぎわい100計画」は，おかげ様で，香川県が観光地としての評価が，瀬戸内海を中

心に上がってきているのですが，県民の方自らが，もっともっと楽しめるような県になっていけば，長い人生の中で身近でも十分楽しめることに繋がると思います。そのような思いで，これから目指す香川県を，2倍楽しめる人生につながっていくように，今，構想しています。

平岩：「デジタル田園都市100計画」にある，新たな雇用や地域経済の活性化を目指す企業誘致について詳しく教えてください。

池田：先ほど，多くの産業を香川県へというお話をしましたけれど，香川県は工業県でもあるんですね。瀬戸内沿岸には，世界に名だたる企業がずっと立地しておりまして，現在も元気に経済活動が進んでいるんです。そういうものをさらに伸ばしていきたいですし，新たにこの瀬戸内海という，ものを運ぶにも便利だとか，気候も温暖で災害も少ない，こういう地の利を生かして，もっともっと企業も人も呼んでいきたいと思っています。

平岩：現在，香川県の人口が93万人程度ですので「県民100万人計画」を達成させるには移住者の受け入れの拡大も必要と思われます。そのためには，池田知事が力を注いでいらっしゃる子育て支援や，医療・福祉の充実など，住みやすさに加え，多くの人が訪れる香川県であることも大切だと思います。新たな生活の場を香川県に求めようとする移住者の受け入れ拡大に向け，どのように実現させ

ていこうとしているのでしょうか。

池田：移住をする前に，まずは，香川県に来てもらわないことには移住ということにならないと思います。そのひとつに，観光があります。今，瀬戸内海やその島，あるいはアートというものが香川県のイメージとして根づいてきているので，そういうことをきっかけとして多くの方に訪れてもらいたいと思っています。国内で言えば，これまで東日本とはご縁が少なかったので，東日本の方々とのご縁も増やして香川県に訪れていただいて，それが移住に繋がってくればいいと思います。地方移住が注目され，地方生活の希望者が増えている状況は非常に嬉しいんですけれど，選んでもらわないといけないので。そういう意味でも，「香川県はまちがきれいで快適だ」と思っていただけるように，トイレをきれいにしたり，まちの美化を進めて「選ばれる香川県」になるように取り組んでいます。

平岩：移住の前に敷居の低い観光から関心をもってもらうということですね。観光にもつながると思いますが，先ほどアートについてのお話がありました。若い方や海外の方にも現代アートは人気があり，瀬戸内国際芸術祭も大変人気がありますね。瀬戸内国際芸術祭は，瀬戸内海の島々を舞台に，現代アートの作品が展示される国際芸術祭で，3年ごとに開催され，国内外から多くの方が，香川県を訪れていらっしゃるとお聞きします。

池田：瀬戸内国際芸術祭は 2010 年から
スタートして，昨年（2022 年）5 回目が
開催されました。回を重ねるごとに評価
が高まっていますが，力を入れてくだ
さった方のひとりに建築家の安藤忠雄先
生がいらっしゃいます。安藤先生とはい
ろんなご縁があって親しくしていただい
ているんですけれど，安藤先生のお言葉
を借りると「瀬戸内海の力がやっぱりあ
るよね」と。瀬戸内海と現代アートのコ
ラボレーション，そういう部分が成功の
一番の原動力になっているのではないか
とおっしゃっていました。私も，何カ所
か行って，そういうことを感じます。瀬
戸内国際芸術祭は 3 年に 1 回の開催です
けれど，開催がない年でも展示をしてい
た現代アートのかなりのものを残してお
ります。直島や豊島には素晴らしい美術
館もありますので，そういった財産を大
切に，もっと全国や世界の方々に継続的
に来てもらえるようにしたいと思います。

平岩：瀬戸内国際芸術祭は，私も何度か
行きましたが素晴らしかったです。島
もそれぞれに個性があって魅力的ですよ
ね。瀬戸内国際芸術祭で，小豆島や直島，
男木島など，瀬戸内海の島々を訪れたこ
とをきっかけに，島への移住者が増えて
いるとお聞きしますがいかがですか。

池田：県内の島の多くが，人口が 2 けた
になっているので，「高齢化が進んでこ
のままいくと無人島になるんじゃない
か」と，島の方も非常に心細く感じてい

るところもあるんです。瀬戸内国際芸術
祭や，それを縁にした交流が続くことで，
島に住まなくても訪れる方が増えてくれ
ればいいと思うし，中には「もう，ここ
で住もうか」という人も，小豆島や男木
島には，かなり出てきています。香川県
の財産の島が無人島にならずに，ずっと
残っていけばいいと思います。

平岩：そうですね。次は，知事ご自身に
ついての質問ですが，池田知事は土木工
学を学ばれ建設省に入省され，そして香
川県知事になられたわけですが，政治家
に転身されるまでの間に「自分らしく生
きる」ということを感じた点があればお
聞かせください。

池田：知事になる前は，一番長くは国土
交通省で国家公務員をしていました。35
年ほど勤めていましたが，皆さんがイ
メージする国家公務員とは勤務状況など
かなり違っていて，半分ほどはいろいろ
な地方，各地で勤務をしていました。道
路や交通安全対策など，現地で自治会の
方やいろいろな方とお話をして，「ここ
は危なくて困っているんだ」とか「毎日
のように混んで困っている」などの話を
聞いて，工事を大掛かりにやらないとい
けないものもあるんですが，ちょっとし
た工夫でね。例えば交差点で混んでいる
場合でも，新しい道路を作らなくても，
交差点の形を変えたり，右折レーンや左
折レーンを上手に入れてみると上手く流
れて，皆さんにびっくりされたり喜ばれ

たりして。自分にとっては小さな成功体験ですけれど，そういうものが自分の仕事のなかで非常に印象に残っていて，大切にしていきたいとずっと思っていました。何か困りごとを聞くと「何かできるんじゃないか」と，そういうところが「自分らしく」なのかと思います。

平岩：無理だと思わずになんとかしようとトライしてみる，というところでしょうか。

池田：そうなんですよ。「何かあるんじゃないのかな」と，「自分ができることで」と。それで小さいことかもしれませんが喜んでもらえることがあるものなんですよ。

平岩：読者の方々が，それぞれの「人生100年時代」を送っていくプランづくりや生き方そのものについて，アドバイスやメッセージなどがあればお聞かせください。

池田：「一度きりの人生だから」という言葉がありますよね。「一度きりの人生」というと，ある意味，重たい部分があって，やり直しがきかないとか，そういうふうに思いがちなところもありますが，「人生100年時代」は，人生が二倍あると思えば，第一の人生，第二の人生と考えて一歩踏み出していく心のハードルが低くなるのではないかと思うんですよ。直感的に自分でいいと思うことを，まずは，はじめてみて，やってみて。上手くいかないこともあるかもしれませんが，

人生長いですから，また別のことをやってみてもいいですし。人生が長くなることで実現できる社会になってくると思います。迷って止まっているよりは，直感的にこっちだと思う方に歩き出していけばと思います。

平岩：こういうことをやっておくとよい，と思われることはありますか。

池田：アルバイトでもボランティアでも遊びでも，興味があることはやってみるといいと思います。その時は，こんなことやっていてもと思っていても，結果的に後で思いがけず役に立ったりすることもあります。それから，学生時代ではないのですが，仕事をしている時に15年ぐらい通勤時間がかなり長い時があったんですよ。その時に，本をよく読んでいて，井上靖さんの小説など，いろいろと読んでいました。当時の時代背景とか案外，真正面から歴史を勉強するよりも，小説などの本を読むことで，すっと入っていけるというか。あの時間はよかったなあと思います。

平岩：興味があることはやってみるという姿勢は大事ですね。また，人生100年時代は「二度楽しめる，二度社会への貢献ができる」というお考え，読者の皆さんがキャリアを考えていくうえでも大変参考になると思います。ありがとうございました。

第4章
代表的なキャリアの理論と概念

　皆さんは，キャリアという言葉に，どのようなイメージをもたれていますか。大学には「キャリアセンター」と呼ばれる学生の就職活動をサポートする部署があるため，大学や短期大学に通う皆さんの多くが，キャリアという言葉から，大学卒業後に就く仕事についてイメージをされるのではないでしょうか。

　キャリア（Career）の語源は，ラテン語の馬車（Carrus），または轍（Carraria）といわれています。そこからイメージされる人が歩んできた道のりや，人がどのように生きてきたのかといった人生全体について表している言葉がキャリアです。では，デザインとはどういう意味なのでしょうか。デザイン（design）の語源は，ラテン語の「Designare」で，その意味は「計画を記号に表す」といわれています。つまり，キャリアデザインとは，人生全体について計画を記号に表すということです。言い換えると，自分が将来，どのような仕事や働き方をしたいのか，価値観やライフスタイルを含めどのような生き方をしたいのかを明確にして，その実現に向けて主体的に計画していくということになります。

　19世紀後半から20世紀にかけてアメリカでは，科学技術の著しい発

達や社会構造の変化，または複雑化によって，人々の職業への価値観が急激に変化していました。かつての日本もそうですが，子は親の仕事を継ぐことが当たり前というような時代は終わり，自らの適性や能力を活かして職業や人生を選択するようになっていったのです。このような背景は，人々にキャリアについて考えることを求めるようになりました。こうした状況を反映して，20世紀のアメリカでは，キャリアに関する多くの研究が行われていました。

　この章では，「自分らしいキャリア」を考えていく前段階として，キャリアの代表的な理論について紹介していきます。第1節では「キャリアの古典」といわれるドナルド・E・スーパーの理論をキャリア理論の基礎として説明していきます。第2節では，アブラハム・H・マズローの欲求段階説について検討し，第3節では，ダグラス・T・ホールの「プロティアン・キャリア」を紹介します。第4節では，多様なキャリア理論について紹介します。これらの理論を理解したうえで，「自分らしい生き方」を考えていただきたいと思います。

1　キャリア理論の基礎を築いたスーパー

　ドナルド・E・スーパーは，キャリア研究において，最も影響力のある研究者であり実践家でもあるといわれています。スーパーは1910年にアメリカで生まれ，1994年に亡くなりました。約60年間にわたりキャリア発達の研究を行い，多くの研究者に影響を与えてきた人物です。

　スーパーの理論では，自己概念が重要になっています。スーパーは，自己概念は誰でももっているもので，それぞれの人が属する集団の影響を受けながら変化を続け，生涯を通して形成，発展させていくものとしています。このような内容を含む自己概念とは「自分は何者であるのか」や「自分は何が好きで，何が嫌いか」などといった，自分で自分を捉えたときのイメージと考えてよいでしょう。

また，スーパーは，人と職業の適合性を重要なテーマとしています。スーパーは，職業的自己概念という言葉を用いています。この語彙は，仕事や職業に関する価値観や考え方といった，自己概念のことを意味し，仕事や職業は，職業的自己概念を形成していると述べています。つまり，職業を選択して，その職業に就くということは，「自分がどのようになりたいのか」という希望を実現し，職業的自己概念を形成できるということになります。

❖ライフステージとは

　私たちの人生は，いくつかの主要な段階（人生段階）に分割することができます。それぞれの段階は，固有の特徴をもっているため，他の段階と区別して考えることができます。これがスーパーのいうライフステージです。

　スーパーのライフステージとは，職業経験を含め，人生をいくつかの

表 4-1　スーパーのライフステージにおける 5 段階分類

段階	段階名	年代	特定の課題
第 1 期	成長期	0〜15歳	身体的成長と自己概念の形成が中心となる段階で，自分は何が好きかなど，興味や能力の探求がはじまる。
第 2 期	探索期	16〜25歳	自分の興味や能力に合うさまざまな分野の仕事について考えはじめ，具体的に特定の仕事に特化していく。教育や訓練を受け，その仕事に就く。
第 3 期	確立期	26〜45歳	特定の職業に時間と労力をかけ実績を積み，その職業に貢献する。能力や専門性を高め，より責任ある地位を求める。
第 4 期	維持期	46〜65歳	これまでに培った職業的能力や地位を維持し，若い世代に負けない新しいスキルを身につけ，若者への指導的役割も担う。退職に向けての計画を立てる。
第 5 期	下降期	66歳以上	徐々に退職後のライフプランを考え，実践していく。仕事の義務や責任から解放され，より余暇や家族，地域活動とつながりのある，新しいライフスタイルをはじめる段階。

（出典）各種の資料より筆者が作成

段階に分けることです。具体的には，人生を5つの段階に分割しています。この5段階を一覧にしたものが，表4-1です。なお，人生と職業経験という言葉は，筆者がわかりやすい言葉に変えたものです。スーパーは，それぞれ一般的発展，職業的発展という語彙を用いています。

❖ライフステージと現代社会

　前述のようにスーパーの理論は1950年代に発表されたもので，現在の社会的経済的な状況は，その頃と大きく変わっています。スーパーは晩年の著書のなかで「成長期，探索期の後に確立期を少し経て，しばらくしてまた探索期に戻って新たな職業選択を行い，その職業で維持期に達しないことが普通になるかもしれない」と述べています。

　このスーパーの予言どおり，現在では，確立期を経て，また探索期に戻ることは特別なことではなくなりつつあります。人々の価値観の変化や経済の変貌に加え，平均寿命が年々延び「人生100年時代」といわれる現在，スーパーのライフステージにおける5段階分類では説明しきれなくなっているといってよいでしょう。

　リカレントやリスキリングなどに代表される「学び直し」とされる探索期と確立期が常に交互にやってきて，下降期は70歳以降，もしかしたらそれ以上に延びてくるかもしれません。元気で働きたいという意思を持つシニア（高齢者）は，できるだけ下降期を先に延ばしたキャリアデザインを考えているのではないでしょうか。

❖ライフロールとは

　スーパーは，キャリアを論じるに当たり，ライフロールという概念も提示しています。ライフロールのライフとは，生活や人生のことをいいます。そしてロールは，役割という意味です。すなわち，ライフロールとは人生における役割のことです。

　先ほど述べたライフステージと，このライフロールの概念をあわせて

キャリアについて論じている点が，スーパーの理論ということができます。すなわち，キャリアを人生のいくつかの段階であるライフステージに分けたうえで，それぞれの段階において，多様な役割を組み合わせているのです。この2つを組み合わせた概念を虹に見立てたのが，ライフ・キャリア・レインボーです。図4-1が，これにあたります。

　スーパーによれば，人生における役割とは，子ども，学生，余暇人，市民，労働者（職業人），配偶者や親といった家庭人などがあります。これらの役割がライフロールです。表4-2は，役割とその役割の説明になります。

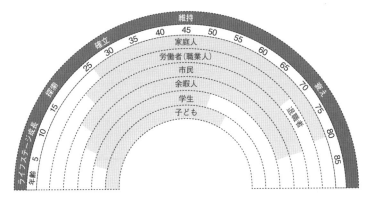

図4-1　ライフ・キャリア・レインボー
(出典) 各種の資料より筆者が作成

表4-2　ライフロール

役割	役割の概要
子ども	親に育てられている，または，子どもとして親の面倒をみている。
学生	学校で学習する。スキルや技術を身につけるなども含む。
余暇人	趣味や好きなことなど，余暇の活動に時間や労力を費やす。
市民	地域活動や社会活動に参加する。
労働者（職業人）	有給で働いている。
家庭人	配偶者や親として家庭を築き，家事，育児など家庭の維持をする。

(出典) 各種の資料より筆者が作成

❖ライフロールと現代社会

　スーパーは，これらの役割を担う場面には，家庭，教育機関，職場，地域社会があるといいます。現代社会で人々は，いくつもの役割を同時に演じている人が多くなっています。例えば，Ａさんは，会社に勤める職業人です。しかし，Ａさんのライフロールは，これに限定されません。ＡさんはＢさんの配偶者，娘のＣさんの親であり，資格取得のために社会人向けのコースがある専門学校に通う学生かもしれません。

　ライフロールを考えるうえで，注意が必要なことがいくつかあります。例えば，「子ども」という役割が何かと問われると，幼少期から高校・大学あたりまで，と考えがちです。しかし，親の介護が必要になり，子どもが，その役割を担うこともあります。このように，「子ども」は「家庭人」の一部である「親」に対して，何らかの役割をもつこともあるのです。また，「市民」という言葉は，成熟した大人をイメージしがちです。しかし，「子ども」でも，地域の清掃活動のように，ボランティア活動を行っていれば，時間と労力を「市民」として提供していることになります。

　このように，スーパーのライフロールは，かなり幅のある概念です。しかし，反対に，ライフ・キャリア・レインボーの役割の中の一部について，ほとんど無関係に生活する傾向も見られます。例えば，近年，結婚観や家族の概念の変化など，価値観の多様化が進んでいます。この状況において，従来の夫婦と子どもという家族形態ではない，シングルやDINKs，シングルペアレント（母子・父子家庭）などが増えています。シングルの人は，ライフロールでいう家庭人の配偶者や親といった役割がありません。

　価値観の多様化は，仕事や働き方の領域でも見てとれます。近年，リモートでの在宅勤務など，働く場所だけではなく，時短や週休3日制の導入といった働く時間についても多様化しています。また，欧米を中心に「FIRE」（ファイア）と呼ばれる早期リタイアの考え方が注目されて

いましたが，2020 年頃から日本でもこの言葉をよく耳にするようになりました。「FIRE」とは「Financial Independence」（経済的自立）と「Retire Early」（早期退職）の頭文字を取った言葉です。従来の日本では，定年まで働き続けることが当たり前と考えられていました。しかし，定年年齢になる前に老後の資金を蓄えるなどして，早期リタイアという選択を行うことが，日本でも見られるようになってきたということでしょう。

　前述しましたが，できるだけ長く働きたいと思う人がいる反面，早期リタイアを取り入れる人もいます。これは，選択肢が増えたことで，仕事や働き方についても，一人ひとりのキャリアデザインに多様化が出てきたことを意味します。こうした現実はスーパーのライフロールの考え方を過去のものにしつつあるといえるかもしれません。

2　人間の「欲求」をキャリアに取り入れたマズロー

「人生であなたのやりたいことは何ですか？」

　こう聞かれたら，あなたは何と答えますか。

　もうすでにやりたいことが決まっている人もいれば，まだ何をしたいのか模索中の人もいるでしょう。やりたいこと＝目標や目的と言い換えてもいいでしょう。そこへ向かって何らかのアクションを起こし，それを維持させる過程や機能のことを動機づけといいます。動機づけは，モチベーションともいわれます。

　アブラハム・H・マズローは，1908 年ニューヨークで生まれたアメリカの心理学者です。マズローは，"A Theory of Human Motivation"（人間動機理論）という論文のなかで，人間の欲求を 5 段階の三角形の図で表現しました。それが図 4-2 のマズローの欲求段階説です。

　マズローは，これらの欲求には序列があり，低次欲求が満たされると段階的に高次欲求に移行すると主張しました。ただし，個人や社会など

によって何が優先されるかについては，必ずしも絶対的とはいえないとしています。では，これらの欲求は，私たちの動機づけの段階として，どのように考えられているのでしょうか。

　まず，一番下の「生理的欲求」をご覧ください。人間も動物ですから，食べたり，飲んだり，寝たりしなければなりません。こうした生命維持のために必須なことが，人間にとっても第一に生じる欲求だと，マズローは考えました。第二の欲求は，心身ともに健康で経済的にも困らないといった，安全で安心した暮らしをするための欲求です。第三の欲求は，仲間に恵まれたり集団に所属したりすることで満たされる欲求です。第四の欲求は，所属する集団の中で尊敬されたり，他者から認められ，高く評価されたいと願う欲求です。

　最後に一番上の「自己実現欲求」について考えてみましょう。やや難解な言葉に聞こえますが，「自己実現欲求」とは，自分の能力を発揮し可能性を最大限に高め，自己成長を図りたいという思いです。この欲求は，その下の4つの欲求が満たされた後に生まれてくるとされています。その意味合いは，自分らしさを見つけて自分にしかできないことを成し遂げるといった，満足できる自分になることで満たされる欲求ともいうべきものです。したがって，この本が考える「自分らしいキャリア」につながる概念といえるのではないでしょうか。

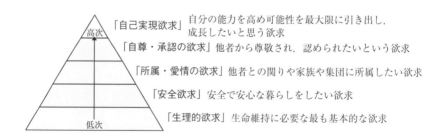

図4-2　マズローの欲求段階説
（出典）各種の資料より筆者が作成

3 多様かつ変化する人々の生き方をキャリアとして提示したホール

ダグラス・T・ホールは，1966年にマサチューセッツ工科大学（MIT）スローン・スクールで博士号を取得した後，ボストン大学マネジメント・スクールにて組織行動の教授になったアメリカの心理学者です。皆さんのなかで，ホールの名前を知っている人がいるとすれば，彼が提唱したプロティアン・キャリアという理論も聞いたことがあるのではないでしょうか。

❖プロティアン・キャリアとは

プロティアン・キャリアとは，1976年にホールが提唱したキャリア理論です。プロティアンとは，予言と変身の能力があるギリシャ神話に登場する海神，プロテウスを由来とした言葉で「変幻自在である」ということを意味します。ホールは自身の著書で，プロティアン・キャリアとは，組織によってではなく，むしろ個人によって形成されるものであり，キャリアを営むその人の欲求に見合うようにそのつど方向転換されるものであるとしています。つまり，プロティアン・キャリアとは，個人によって形成され，変化する環境に対して自己の志に応じて変幻自在にキャリアを形成していくというものです。

プロティアン・キャリアは，アイデンティティとアダプタビリティという2つのメタ・コンピテンシー（高い認知能力）で構成されています。アイデンティティ（Identity）とは，日本語で「自我同一性」と訳されることが多い言葉で，エリク・H・エリクソンが提唱した概念です。ホールはアイデンティティを，自分の欲求や興味，価値観，能力に対する自己理解の程度であり，過去と現在と未来の自己概念が統合されている程度であると捉えています。

人間の価値観や経済の構造が急激に変化している現代社会において，私たちは，環境の変化に対応して柔軟に成長していくことが求められています。

そのためには，自分の価値観や能力などに関する自己理解を深め，過去から未来までの一貫したアイデンティティを持つことが必要だといえます。

　また，ホールはアダプタビリティについて，単なる適応（Adaptation）とは区別しています。すなわち，以下の①②③から成り立つ適応コンピテンス×適応モチベーションと捉えているのです。適応モチベーションとは，①②③を発達させ，状況に対して対応させようとする意思をいいます。

①アイデンティティの探索…アイデンティティの維持や修正をするための自己に関する完全で正確な情報を得る努力をいう。
②反応学習…変化する環境からのサインに気付き，役割行動を発展させたり最新のものにすることによって，環境からの要求に反応したり影響を及ぼすことをいう。
③統合力…環境の変化にこたえるための自分の行動とアイデンティティの一致を保つことをいう。

❖プロティアン・キャリアと伝統的キャリアの違い
　プロティアン・キャリアの特徴を把握していただくために，プロティ

表 4-3　プロティアン・キャリアと伝統的なキャリアの違い

項目	プロティアン・キャリア	伝統的なキャリア
主体者	個人	組織
核となる価値観	自由，成長	昇進，権力
職業移動の程度	高い	低い
重要なパフォーマンス側面	心理的成功	地位，給料
重要な態度的側面	仕事満足感，専門的コミットメント	組織コミットメント
重要なアイデンティティ側面	自分を尊敬できるか（自尊心），自分は何がしたいのか	組織から自分は尊敬されているか（他者からの尊敬），私は何をするべきか
重要なアダプタビリティ側面	仕事関係の柔軟性，現在のコンピテンシー，自分の市場価値	組織関係の柔軟性，組織で生き残ることができるか

（出典）各種の資料より筆者が作成

アン・キャリアと伝統的なキャリアの違いを表4-3に示しました。

　この表を見ると，プロティアン・キャリアの主体者は，私たち一人ひとりの個人であり，組織内での昇進や地位，権力などを重視するものではなく，仕事への満足感や自己成長を重視していることが分かると思います。自分のやりたいことや自分の価値観などを理解したうえで，組織での仕事の枠を超え，「自分らしい生き方」や人生に至るまでを考えて「変幻自在」に形成していくキャリアといえるのではないでしょうか。

4　「自分らしい生き方」につながる多様なキャリア理論

　これまで，スーパー，マズロー，ホールという3人のキャリアに関する理論を説明してきました。しかし，キャリア理論は，まだ他にもあります。以下，「自分らしい生き方」につながる4名の代表的な研究者のキャリア理論を紹介していきます。

❖ジョン・L・ホランドの理論

　ジョン・L・ホランドは，1919年生まれのアメリカの心理学者です。ネブラスカ大学で心理学を学び，第2次世界大戦では陸軍に従軍し，兵士を適材適所に配置する人事の仕事をしていました。このような経験から，兵士の職務経歴書には一定の法則があり，いくつかに分類できると仮定しました。その後，ホランドは，1952年にミネソタ大学で教育心理学の博士号を取得しました。そして，職業カウンセラーとなり，ウェスタンリザーブ大学で心理学を教えました。

　前述のようにホランドは，従軍経験から人間の職業経歴に規則性があると気が付き，人の基本的性格を表4-4のように6つのタイプに分けました。この6つの性格タイプは"RIASEC"と呼ばれています。または，"Holland（Occupational）Themes"と呼ばれることもあります。この6つの性格タイプを，ホランドは六角形をしたモデルで説明してお

表 4-4　人の基本的性格の 6 つのタイプ

企業的	リーダーシップを取り，説得力，影響力がある。野心的で外交的，精力的なタイプ。
慣習的	組織的で事務的。緻密で責任感があり信頼できるタイプ。
現実的	道具や機械，物，動物などを扱うことが好き。実践的で秩序や組織的な活動を好むタイプ。
研究的	数学，生物学，物理学などに興味があり，好奇心が強く分析能力がある学者肌タイプ。
芸術的	慣例にとらわれず創造的で発想が自由，繊細で感受性が強いタイプ。
社会的	人とのコミュニケーションを大切にし，教育，人の援助，社会的な活動を好む友好的なタイプ。

(出典) 各種の資料より筆者が作成

り，6 つの性格タイプの中の上位 3 つで性格や傾向を表したものを，スリー・レター・コードと呼んでいます。

❖ L・サニー・ハンセンの理論

　L・サニー・ハンセンは 1929 年に生まれ，ミネソタ大学教育学部を卒業後，1962 年大学院でカウンセリング，ガイダンスの博士号を取得しました。1997 年に *Integrative Life Planning*（総合的人生設計：通称 ILP）を執筆し，キャリアを家庭における役割から社会における役割まで，人生すべての役割から包括的に捉えた新しい概念を提唱しています。ハンセンは，個人にとって満足できる人生は，まわりの環境や世界的なニーズなど総合的観点から検討することが大切としています。そのうえで，以下の 6 つの重要な課題について取り組むことを提唱しました。

　①グローバルな視点から仕事を探す。
　②人生を意味のある全体的要素として織り込む。
　③家族と仕事の間を繋ぐ。

④多様性と包括性を大切にする。

⑤精神性，人生の目的，意味を探索する。

⑥個人の転機と組織の改革ともに対処する。

ハンセンは 1976 年から "BORN FREE"（ボーン・フリー）プログラム」を指揮しました。BORN FREE プログラムとは「女性だから○○できない」，「男性だから○○をしなければいけない」などといった男女の役割による固定観念を見直し，男女が自由に進路を選び，選択肢を広げることを目的としたプログラムです。ハンセンは，古典的な男女の役割意識により，キャリアの選択肢が左右されていることなどを問題視して，見直すことに取り組みました。

❖ジョン・D・クランボルツの理論

スタンフォード大学名誉教授で米国心理学会のフェローでもあったアメリカの教育心理学者，ジョン・D・クランボルツの理論は「学習を続ける」ということに焦点を当てています。心理学では，学習を，経験を通して生じる，行動の変化，変容と定義されています。

クランボルツは，1999 年に，ミッチェル（K. Mitchell）とレヴィン（A. Levin）とともに「プランド・ハップンスタンス・セオリー」（Planned Happenstance Theory）という理論を発表しました。ハップンスタンスとは「偶然の出来事」を意味します。この理論は，「偶然の出来事」の重要な役割を認識し，「偶然の出来事」がキャリアの機会となり，人のキャリアに望ましい影響をもたらすという考え方です。後に「ハップンスタンス・ラーニング・セオリー」と改称され，変化が著しい先が見えない時代に適したポジティブな理論として，多くの人に知られるようになりました。

偶然の出来事をキャリアのチャンスと捉えて，チャレンジしていくことが大切と考えます。しかし，偶然の出来事をチャンスに変えるには，

次の5つのスキルが必要だとクランボルツは示しています。

①好奇心：たえず新たな学びの機会の模索し続けること。
②持続性：失敗や困難に負けず努力をし続けること。
③柔軟性：環境や状況に応じて姿勢や行動などを変えること。
④楽観性：チャンスを自分のものにすることができるとポジティブに
　考えること。
⑤冒険心：結果が不確実でも行動を起こすこと。

❖ナンシー・K・シュロスバーグの理論

　ナンシー・K・シュロスバーグは，1929年生まれのキャリアカウンセリングの理論家であり，実践家です。1961年，コロンビア大学のスーパー博士のもとで教育博士号を取得，その後メリーランド大学で長年にわたりカウンセラー教育に従事し，1999年にはアメリカのキャリアデベロップメント開発協会（NCDA）会長を務めました。

　シュロスバーグは，キャリア開発はトランジションの連続であり，その対応の仕方を上手くすることでキャリア形成がされていくということに焦点を当てました。トランジションには，転機や転換期，ある段階から次の段階へと移行する時期という意味があります。

　シュロスバーグがトランジションに着目した背景には，当時のアメリカの労働環境の急激な変化が関わっています。1970年代のアメリカは，コンピュータの登場など，技術の発展や社会の環境が急激に変化していました。それまで長期雇用前提の働き方が一般的であったアメリカで，1980年代に入ると長期雇用が崩れだしたのです。その結果，多くの失業者が生まれ，失業者増加が社会問題となっていました。このような先の見えない時代には，想像もしていない事態が起こり得ます。人生には自分の人生を大きく変えるトランジションに遭う可能性が何度かあり，それらをすべて避けることは不可能だといえます。愛する人の死や失業，

表4-5　トランジションに対処できる能力

人生全体の見通し	人生をポジティブに捉えているか，ネガティブに捉えているか。
コントロール	自分が人生をコントロールできているか，あきらめているか。
対処スキル	ストレス解消の方法や意思決定を通じた行動の取り方を知っているか。
過去の経験	以前のトランジションに上手く対処した経験があるか。

(出典) 各種の資料より筆者が作成

離婚，災害や病気など，マイナスの出来事に遭ってしまったら……，あなたは立ち直って，前を向いて進んでいけるでしょうか。シュロスバーグは，トランジションに対処できる能力の特徴は少なくとも４つあるといいます。それを表４-５にまとめました。

❖人生の幸せと不幸について

　「自分らしい生き方」につながる４名の研究者のキャリア理論を紹介しました。最後に紹介した，シュロスバーグのトランジションに関連して「人間万事塞翁が馬」の格言について触れておきたいと思います。皆さんは，この格言をご存知ですか。中国古代の哲学書『淮南子』による故事です。「人間万事塞翁が馬」を簡単に紹介すると，以下のようになります。

　昔，中国の北方の塞に占いの得意な老人（塞翁）が住んでいました。ある日，塞翁が飼っていた馬が逃げてしまいました。近所の人たちが気の毒に思い慰めに行くと，塞翁は「これは幸いになるかもしれない」といいました。数カ月が経ち，逃げた馬は立派な馬を連れて戻ってきました。人々は喜んでお祝いに行きました。しかし，塞翁は「これは災いになるかもしれない」といいました。その言葉の通り，塞翁の息子が立派な馬から落ち，足の骨を折るけがをしてしまいました。人々は悲しんでお見舞いに行くと，塞翁は「これは幸いになるかもしれない」といいました。その後，戦乱が起き，塞翁の息子は足の骨折により戦に呼ばれず

命が助かりました。

　この話のように，人生の幸せも不幸も予測ができず，不幸だと思ったことが実は幸運であったり，幸運だと思ったことが実は不幸であったりということがあります。筆者自身のことを思い返してみても，人生で重要なことを始めた時には，その前に大切なものを失ったりショックな事が起きたタイミングだったりしました。後から思うと，ピンチだと思っていたことが逆にチャンスだったということもありました。反対に，チャンスだと思っていたことがピンチだったということもあります。

　ピンチの時でも前向きに，チャンスの時でも浮かれず冷静にいたいと思います。

第5章
100年時代のキャリアデザイン
―自分らしいキャリア形成に向けて―

　現代は，人の価値観や経済の構造が想像以上に急激に変化しているため，先が見通せない時代といわれています。また，先進国では今後も寿命が延び続け，日本は今後さらなる超高齢化社会を迎えると予想されています。近頃，「人生100年時代」というフレーズをよく耳にしますね。私たちは，この「人生100年時代」をどのように生きるのか，という議論が続いています。

　「人生100年時代」であるか否かに関わらず，自分の思い通り，あるいは計画通りに人生を歩める，という保証はありません。とはいえ，キャリアデザインを考えている人とそうでない人とでは，人生という限りある時間の過ごし方が変わってくるといえるでしょう。例えば，この本を手に取った皆さんは，進学や就職において，どのように対応してきましたか。例えば，進学に当たり，どのようなことを学びたいのか，どの大学に入りたいのか明確にして，取り組むべき試験の科目や内容を事前に十分に検討し，準備して入試に臨んでいれば，よい結果が待っていたのではないでしょうか。就職についても，同様のことがいえます。

　人生全体を考えるキャリアデザインは，こうした進学や就職の経験を

人生全体にあてはめトータルに考えること，といっていいでしょう。とはいえ，人生全体となると，時間軸が長くなります。さらに，本書では，「自分らしい生き方」の大切さを訴えてきました。これらを両立させたキャリアデザインを描くことは，簡単ではありません。しかし，筆者が考案したワークシートなどを活用していただくことで，自らを分析，理解し，やりたいこと，やれることなど，具体的な行程を考えていっていただけるのではないかと思っています。

1　自己分析・自己理解

キャリアデザインの最初に，しばしば自分の過去と現在を分析するワークが行われます。では，キャリアを考えるにあたり，なぜ，こうした自己分析が必要なのでしょうか。自分らしく生きるためには，「自分を知る」ことが必須です。「自分を知る」とは，客観的に自分自身を分析して，現在の自分を理解，把握することになります。そして，その自分自身をベースに，将来，こうなりたいという自分の理想像に近づけていくプロセスにつながっていくのです。

とはいえ，自分のことはわかっているつもりでも，改めて自分の将来像の基礎にするために「自分を知る」といわれても，「どうしたらいいの」と思ってしまう人が少なくないでしょう。そこで考えられるのが，過去の自分を見つめ直してみることです。これは，過去の自分の経験が今の自分をつくっている，という考えに立っています。過去を振り返る方法として，ライフラインチャートの作成があります。ライフラインチャートとは，人生満足度曲線ともいわれ，誕生から現在までの幸福度を折れ線グラフで表したものです。ライフラインチャートの作成は，過去に自分が経験した出来事のうち記憶に強く残っているものを思い出すことから始めます。

具体的に説明していきましょう。幼児期から現在まで，いままでの人生を何らかの時間軸で区切ります。例えば，いま大学生であれば，幼児

期，小学校時代，中学校時代，高校生時代，大学入学後のように5つの時期に分けることが考えられます。もしすでに大学を卒業し，就職，結婚をしているならば，これに就職から結婚まで，結婚後の2つをプラスして，合計7つの時期にしてもいいでしょう。年齢を5歳毎に区切って検討していくような形も考えられます。

　次に，それぞれの時期において，自分にとって良かったとか，楽しかったと感じた出来事が何だったのか，あるいは悪い，嫌な思い出として残っているのは何かを書き出していきます。こうして書き出した出来事を整理，分析することは，自分の興味や価値観などを明確にすることにつながります。自分の過去を振り返り，できるだけ多くのことを思い出し，Work Sheet 1（p.152）に記入してみましょう。分からない場合は，Sample Work Sheet 1（p.153）を参考にしてください。悪いことや，嫌なことは思い出したくないかもしれませんが，無理のない範囲で，やってみてください。

❖「自分を知る」ためのライフラインの作成

　では，Work Sheet 1で示した，過去の自分の振り返りを，ライフラインチャートに移行してみましょう。Sample Work Sheet 2（p.154）を参考にWork Sheet 2（p.154）をやってみましょう。グラフの横軸が時間，縦軸が満足度のレベルをプラスとマイナスで設定しています。Work Sheet 1で書き出したなかから，特に印象に残る出来事を選び，グラフに点を打ち，出来事の内容を記入し，線でつないでみてください。過去の自分を振り返ってみて，印象に残る事象やその時感じたことなど詳しい内容はグラフに記入しましょう。

❖結果の分析

　作成したライフラインから，結果をできるだけ客観的に分析していきます。あなたの満足度が高い時，低い時はどんな時でしたか。満足度が

Work Sheet 1　過去の自分の振り返り

時期	良かったこと・楽しかったこと	悪かったこと・嫌だったこと
幼児期	・ ・ ・ ・	・ ・ ・ ・
小学校時代	・ ・ ・ ・	・ ・ ・ ・
中学校時代	・ ・ ・ ・	・ ・ ・ ・
高校時代	・ ・ ・ ・	・ ・ ・ ・
大学入学後	・ ・ ・ ・	・ ・ ・ ・
大学卒業後	・ ・ ・ ・	・ ・ ・ ・

Sample Work Sheet 1　過去の自分の振り返り

時期	良かったこと・楽しかったこと	悪かったこと・嫌だったこと
幼児期	・妹が生まれた ・かけっこで一番になった ・お絵描きでほめられた ・	・幼稚園に馴染めなかった ・大好きなおもちゃをなくした ・ ・
小学校時代	・親友ができた ・クラスで人気者になった ・読書感想文で表彰された ・犬を飼った	・引っ越しで友達と別れた ・算数が苦手だった ・ ・
中学校時代	・バレーボール部に入った ・検定試験に受かった ・好きな先生ができた ・	・足を骨折し入院をした ・部活でレギュラーになれなかった ・成績が下がった ・
高校時代	・生徒会の副会長に選ばれた ・友達とバンドを組んだ ・たくさん友達ができた ・	・第一希望の高校に落ちた ・犬が亡くなった ・ ・
大学入学後	・第一希望の大学に受かった ・バイトで昇格した ・資格試験に受かった ・	・好きな男の子にふられた ・親友と大喧嘩をした ・ ・
大学卒業後	・希望の職業に就けた ・彼氏ができた ・尊敬する先輩ができた ・	・バンドを解散した ・ ・ ・

Work Sheet 2　ライフラインの作成

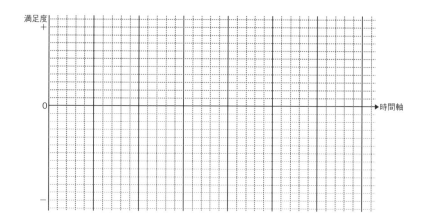

Sample Work Sheet 2　ライフラインの作成

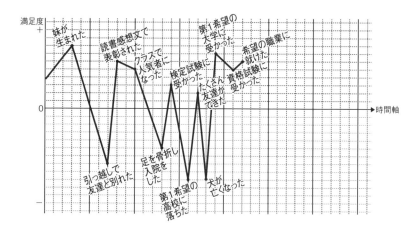

　高いところに位置した出来事は，成功体験といえます。ここで重要なことは，自分にとって満足感を得ることができるような出来事は，すべて成功体験だということです。というのは，自己分析は他人と優劣を比較するのではなく，自分の選択基準を探していく作業だからです。した

がって，平凡に見える経験であっても満足度が高ければ，成功と判断することになります。

　例えば，Sample Work Sheet 1 の「高校時代」の「良かったこと・楽しかったこと」のひとつに，「たくさん友達ができた」があげられています。「友だちができる」ことは普通のことで，「成功体験」とはいえないのでは，と思うかもしれません。しかし，逆にいえば，このことの満足度が高かったのであれば，「成功」と判断でき，それがその人にとって，価値ある事柄ということになるのです。一方，人生には，失敗体験もあります。満足感を得ることができなかった出来事がそれです。自分にとって嫌な思い出は失敗体験と見なすことになります。また，そこに，その人の価値観が表れているといえます。例えば，Sample Work Sheet 1 の「高校時代」の「悪かったこと・嫌だったこと」のひとつに「犬が亡くなった」ことがあげられています。「犬」は自分ではないので，成功も失敗もないのではないか，と思われるかもしれません。しかし，犬を亡くしたことに悲しみを抱くという性格。それがその人の価値観に基づいている感情，と考えられます。

　このようにして，満足度の高低をライフラインチャートに示してみます。なお，満足度の高低の中間に線が引かれています。線の上は，「良かったこと・楽しかったこと」を意味します。そして，上に行くほど，その感じ方が強かったことになります。反対に，中間線の下は，「悪かったこと・嫌だったこと」になります。下に行くほど，嫌だったという感情が強かったことを意味します。

　満足度の高低を示したうえで，チャートの高い位置にある出来事と低い位置にある出来事について，考察していきます。具体的には，それぞれ次の2点を検討してください。検討した結果は，Work Sheet 3 （p.156）に記入していきましょう。なお，Work Sheet 3 には，満足度が高い時と低い時を書くスペースが2つずつ設けてあります。これは，紙面の関係です。いずれも，あるいはいずれかが3つ以上ある場合には，

Work Sheet 3　ライフラインの作成

満足度が高い時	・
なぜ，満足度が高いと感じたのか	
どのようにしたことにより，満足度が高い結果を導けたのか	
満足度が高い時	・
なぜ，満足度が高いと感じたのか	
どのようにしたことにより，満足度が高い結果を導けたのか	
満足度が低い時	・
なぜ，満足度が低いと感じたのか	
どのようにしたことにより，満足度が低い結果が導かれたのか	
満足度が低い時	・
なぜ，満足度が低いと感じたのか	
どのようにしたことにより，満足度が低い結果が導かれたのか	

スペースを加えた表を皆さん自身で作成し，それを用いてください。

・ライフラインチャートの高い位置にある出来事
　なぜ，満足度が高いと感じたのか
　どのようにしたことにより，満足度が高い結果を導けたのか
・ライフラインチャートの低い位置にある出来事
　なぜ，満足度が低いと感じたのか
　どのようにしたことにより，満足度が低い結果が導かれたのか

　この２つの問いですが，いずれも上は意識，下は行為を考えることを求めています。すなわち，どのような出来事から満足または不満という意識が生まれたのか，そしてその意識が生まれるうえで，どのような行動，行為がなされたのかについて，検討するということです。これにより，満足度の高低をもたらす自らの意識と行動を把握することができます。この意識と行動を明確につかむことが，自らの価値観，そして自分らしさを理解することにつながっていくといえるでしょう。

2　「自分らしさ」の4つのドメイン

　第1節では，自己分析をしていただきました。しかし，それだけで「自分らしさ」が理解できたとはいえないかもしれません。そもそも「自分らしさ」とか「自分らしく」といった言葉はよく耳にしますが，いったいどういうものなのでしょうか。「自分らしさ……？　よくわからないな……」という声が聞こえてきそうですね。この節では「自分らしさ」について考えてみたいと思います。図5-1（p.158）は「自分らしさ」を表した図です。
　「自分らしさ」を考えるには，3つの視点が必要ではないでしょうか。ひとつは「好きかどうか」，もうひとつは「得意かどうか」，そして最後

に「大切かどうか」です。「自分らしさ」と聞かれて，嫌いなことをあげる人は少ないでしょう。また，できないからといっても嫌いとは限らないでしょうが，「自分らしさ」につながるとは思えません。また，自分にとって関心のないことは，「自分らしさ」につながらないでしょう。こうした観点から「自分らしさ」につながる3つの視点を設定しました。そのうえで，図5-1をご覧ください。これら3つの視点が単独で存在している領域と重なっている領域があることに気づかれると思います。そして，重なっている領域には，以下の4つがあります。これら4つを，それぞれ異なるドメイン（領域）と考えてください。それぞれのドメインの内容は，表5-1（p.159）に示した通りです。

　④は図5-1を見ると，3つの円がすべて交わる中心のところで，好きで，得意で，大切な領域です。これは「自分らしさ」かつ「自分ができる」ことを示しています。①②③は，図5-1の2つの円が交わっているところです。①の，好きで得意な領域は，今後の努力や経験を通じ

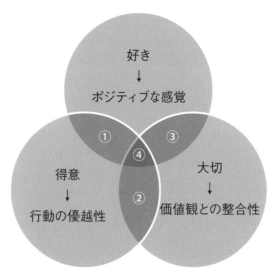

図5-1 「自分らしさ」の4つのドメイン
（出典）各種の資料より筆者が作成

表5-1 「自分らしさ」の4つのドメイン

```
「自分らしさ」の4つのドメイン
① 「好き」×「得意」＝自らの価値観との整合性に疑問を感じながら
   も「自分らしさ」を感じるドメイン
    例：料理をすることが好きで，得意だが，大切なこととは思えない
② 「得意」×「大切」＝ポジティブな意識が不十分と感じながら「自
   分らしさ」を感じるドメイン
    例：料理をすることが得意で，大切なことと思うが，好きではない
③ 「好き」×「大切」＝優れていると感じられないものの「自分らし
   さ」を感じるドメイン
    例：料理をすることが好きで，大切なことと思うが，得意ではない
④ 「好き」×「得意」×「大切」＝3つのドメインにおいて満足がい
   く「自分らしさ」
    例：料理をすることが好きで，得意なうえ，大切なことと思う
```

（出典）筆者が作成

て，大切と思えるようになるか？②の，得意で大切な領域は，今後の努
力や経験を通じて，好きと思えるようになるか？そして，③の，好きで，
大切な領域は今後の努力や経験を通じて得意と思えるようになるか？と
いうところがポイントになります。

❖自分の好きなもの，得意な事，大切なもの

　自分の好きなものや得意な事，大切なものについて Work Sheet 4
（p.160）に記入してみましょう。できるだけ多く書き出してみることを
お勧めします。そしてそれが，好きなものや得意な事，大切なもののど
れに該当するのか○をつけてください。○はひとつだけでも大丈夫です
し，2つに該当すれば2つ，3つすべてに該当すれば3つ全部に○をつ
けてください。あなたの好きなものや得意な事，大切なもののなかに，

自分らしさが見つかるヒントが隠されているのではないでしょうか。

Work Sheet 4　私の好き・得意・大切なものについての認識

・私は＿＿料理＿をすること＿＿＿＿が、⦅好き⦆・⦅得意⦆・大切　です。

・私は＿＿＿＿＿＿＿＿＿＿＿＿＿が、好き・得意・大切　です。

・私は＿＿＿＿＿＿＿＿＿＿＿＿＿が、好き・得意・大切　です。

・私は＿＿＿＿＿＿＿＿＿＿＿＿＿が、好き・得意・大切　です。

・私は＿＿＿＿＿＿＿＿＿＿＿＿＿が、好き・得意・大切　です。

・私は＿＿＿＿＿＿＿＿＿＿＿＿＿が、好き・得意・大切　です。

・私は＿＿＿＿＿＿＿＿＿＿＿＿＿が、好き・得意・大切　です。

・私は＿＿＿＿＿＿＿＿＿＿＿＿＿が、好き・得意・大切　です。

・私は＿＿＿＿＿＿＿＿＿＿＿＿＿が、好き・得意・大切　です。

・私は＿＿＿＿＿＿＿＿＿＿＿＿＿が、好き・得意・大切　です。

・私は＿＿＿＿＿＿＿＿＿＿＿＿＿が、好き・得意・大切　です。

・私は＿＿＿＿＿＿＿＿＿＿＿＿＿が、好き・得意・大切　です。

・私は＿＿＿＿＿＿＿＿＿＿＿＿＿が、好き・得意・大切　です。

・私は＿＿＿＿＿＿＿＿＿＿＿＿＿が、好き・得意・大切　です。

・私は＿＿＿＿＿＿＿＿＿＿＿＿＿が、好き・得意・大切　です。

・私は＿＿＿＿＿＿＿＿＿＿＿＿＿が、好き・得意・大切　です。

・私は＿＿＿＿＿＿＿＿＿＿＿＿＿が、好き・得意・大切　です。

（注）それぞれの「好き・得意・大切」について，該当するものは，すべて「○」をつけてください。

（出典）筆者が作成

160

❖ 「家庭志向」「社会志向」「仕事志向」「余暇志向」の分類

　Work Sheet 4で書き出した内容を，さらに4つのカテゴリーに分類してみましょう。図5-2をご覧ください。この図にある「家庭志向」「社会志向」「仕事志向」「余暇志向」について説明したいと思います。「家庭志向」とは，何よりも家族や家族と一緒にいる時間を優先したいということです。「社会志向」はボランティア活動や地域活動などに参加したり，世のため人のためになりたいと希望していることです。「仕事志向」は何よりも仕事を優先し，仕事での自己実現や仕事でのキャリアアップを重視していることです。「余暇志向」は自分の好きな遊びや趣味などプライベートの充実に重きをおいているということです。

　「料理をすることが好きで得意な場合，どれに該当するの？」という質問をされそうですね。その場合，家族に料理をふるまうことをイメージしている場合は「家庭志向」になります。ただし，家族に料理をするといっても，毎日のことではなく，週末1回だけ，という人もいるでしょう。この場合は，「家庭志向」と「余暇志向」の中間的なところに位置づくと考えられます。プロの料理人としてやっていきたいと考えているならば，「仕事志向」になるでしょう。また，料理をすることを趣

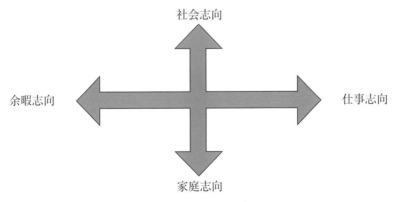

図5-2　「家庭志向」「社会志向」「仕事志向」「余暇志向」の分類
（出典）各種の資料より筆者が作成

味として楽しんでいる場合は「余暇志向」になり，子ども食堂や生活困窮者に届けるために料理をするんだと考えている人の場合は，「社会志向」になるでしょう。このように，自分の意識を含めどれに該当するのか考えてみることで，自分の価値観がどこに位置しているのかを把握してみてはいかがでしょうか。

3　100年時代の自分のライフロールをイメージする

　第4章で，ドナルド・E・スーパーのライフロールについて理解していただけたと思いますが，現在のあなたは，それぞれのどの役割にいくつ該当しているでしょうか。おそらく多くの人が複数の役割を演じていると思います。架空の人物，Eさんを例にしてみましょう。Eさんは大学に通っているので学生の役割，親がいるので子どもの役割，テニスサークルに所属しているので余暇人の役割も該当しています。また，学校の近くのカフェでアルバイトをしているので，労働者（職業人）の役割もあります。地域での保護ねこのボランティア活動に精を出しているので，市民の役割も担っています。このように，人はいくつかの役割を果たしています。

　それでは，自分の将来についても想像してみましょう。将来のあなたは，それぞれのどの役割にいくつ該当しているでしょうか。現在の自分と将来の自分の役割を Work Sheet 5（p.163）に記入してみましょう。わかりにくい人は Sample Work Sheet 5（p.164）のEさんの例を参考にしてみてください。

❖ GSKS モデルに基づくライフロールとその割合の例
　スーパーのライフロールの考えに基づいて，Work Sheet 5 を作成してもらいました。これは，伝統的なキャリア観に基づくと，どのような将来像が描けるかということを理解していただくためです。

Work Sheet 5　現在と将来のライフロール

役割	子ども	学生	余暇人	市民	労働者	家庭人
現在						
～ 25 歳						
～ 35 歳						
～ 45 歳						
～ 55 歳						
～ 65 歳						
～ 75 歳						
～ 100 歳						

Sample Work Sheet 5　現在と将来のライフロール

役割	子ども	学生	余暇人	市民	労働者	家庭人
現在	子ども	大学生	テニスサークルに所属	保護ねこのボランティア	カフェでアルバイト	
～25歳	子ども		趣味でテニスを続ける	保護ねこのボランティア	仕事（首都圏で就職している）	
～35歳	子ども	資格取得のスクールに通う			仕事	妻，母親（結婚，出産している）
～45歳	子ども	スキルアップのスクールに通う		子どもと一緒にボランティア参加	資格を活かし起業する	妻，母親
～55歳	子ども 親の介護		体力づくりのためテニスを再開する		仕事	妻，母親
～65歳		バリスタスクールに通う			仕事（70歳でリタイアする）	妻，母親（夫婦二人で生活する）
～75歳			夫婦で魚釣りを楽しむ	保護ねこのボランティアを再開する	保護ねこカフェの経営を始める	妻，母親（夫婦二人で地方に移住）
～100歳				保護ねこのボランティア		妻，母親（夫婦二人で生活する）

しかし，すでにお伝えしたように，スーパーの理論は，2つの点で現状にあわなくなってきています。ひとつは，人生の時間的な長さです。スーパーの時代には，「人生100年」というイメージはありませんでした。もうひとつは，ライフロールです。スーパーは，子ども，学生，余暇人，市民，労働者，家庭人という役割を経験すると想定していました。この想定自体は現在でも有効でしょう。しかし，家庭人として結婚，子育てなどを経験しない人が増えるなど，個々の役割が変化しているのです。

　こうした点を考慮して，3章で紹介した，GSKS モデルで，人生を学習者・職業者・家庭者・社会者という4つの役割に分けて考えてみました。また，時間，つまり年齢も100歳までとしています。さらに，各年代において，4つの役割の割合がどの程度になるかについても考えていく必要があります。これらを合わせて作成したのが Work Sheet 6（p.166）です。この Work Sheet 6 に，皆さんが今後，それぞれの時点で想定する4つの役割における主要な活動とその時間配分を記載してください。わかりにくい場合は，Sample Work Sheet 6（p.167）を参考にしてください。なお，「時間配分」は，それぞれの時期における役割が占める割合ですが，全体で100となるようにしてください。なお，年齢が高くなった時点で何をやっているか，いないか不明な場合は空欄でもかまいません。

❖ Work Sheet 6 の結果に基づく考察

　次に30歳になった時点で，そのような自分になっているか，いたいかをイメージして，現在から30歳になるまでに行う必要がある事柄を，それぞれの役割ごとに，最大5つまで考えて，Work Sheet 7（p.168）に記載してください。例えば，学習者であれば，専門書を読む，職業者であれば，希望する職業に関連したアルバイトをするといったことです。思いつかない役割については，5つ未満でも構いません。

　なお，ここでは GSKS モデルについて，現在から30歳になるまでに行

Work Sheet 6　4つの役割における時間配分

	学習者	職業者	家庭者	社会者
現在				
時間配分				
〜30歳				
時間配分				
〜40歳				
時間配分				
〜50歳				
時間配分				
〜60歳				
時間配分				
〜80歳				
時間配分				
〜100歳				
時間配分				

Sample Work Sheet 6　4つの役割における時間配分

	学習者	職業者	家庭者	社会者
現在	大学生	アルバイト	実家で親と同居。犬の散歩	地域ボランティア
時間配分	70	15	5	10
～30歳	仕事関連の通信教育	フルタイムで就労	独身で必要な家事	町内会のボランティア
時間配分	10	65	20	5
～40歳	職場でリスキリング	フルタイムで就労	結婚後，家事分担	仕事経験を活かしプロボノ
時間配分	15	55	20	10
～50歳	スキルアップのための勉強	オンラインの仕事中心	家事分担	プロボノ
時間配分	15	50	20	15
～60歳	スキルアップのための勉強	セミリタイア	家事分担	プロボノ
時間配分	15	30	30	25
～80歳	生涯学習センターでセミナー参加	リタイア	地方移住・家事分担	地域ボランティア
時間配分	10	0	50	40
～100歳			家事分担	町内会のボランティア
時間配分	0	0	50	50

Work Sheet 7　現在から30歳になるまでに行う必要がある事柄

役割	必要事項
学習者	1
	2
	3
	4
	5
職業者	1
	2
	3
	4
	5
家庭者	1
	2
	3
	4
	5
社会者	1
	2
	3
	4
	5

う必要がある事柄についてだけ Work Sheet 7 を提示しています。しかし，同様のワークは 30 歳から 40 歳にかけて，そしてその後も必要です。Work Sheet を別途付けていないのは紙面の関係です。皆さんは，30 歳から 40 歳にかけて，そしてそれ以降も 10 年ごとに 100 歳になるまでのワークを行ってください。その際，Work Sheet 7 のフォームをコピーして使用していただければと思います。

4 「外部環境」を考慮したキャリアデザイン

この章では，100 年時代のキャリアデザインを考えるためのワークを示してきました。これらのワークは「自己分析」と「自分らしさ」そして「100 年時代の自分のライフロールのイメージ」というように，キャリアの対象である「自分」に焦点を当てたものです。キャリアを考え，計画し，目標に向かって進んでいくのは「自分」です。したがって，「自分」に焦点を当てるのは当然といえます。

しかし，キャリアは，「自分」の意志だけで作れるものではありません。「学習者」「職業者」「家庭者」「社会者」のいずれをとっても，目標に向けたプロセスを丹念に作り上げる企画力とそれを実施する高い能力と強い意志は，もちろん必須です。とはいえ，人は，社会の中で生活しています。他者との関係や社会情勢との兼ね合いを考えなければ，目指すべきキャリア像は，幻と帰してしまうかもしれません。換言すれば，自分自身の強みや弱みだけを分析し，それに基づき目指すべきキャリアを構想することでは不十分ということです。では，何が必要なのでしょうか。それは，目指すべきキャリアに関連する外部環境，具体的には社会的，経済的な状況などを含めて考えていくことです。

では，そのためには，どのような方法があるのでしょうか。ここでは，本章の最後として，SWOT 法について紹介しておきます。SWOT 法のSWOT とは，Strengths，Weaknesses，Opportunities，Threats の頭文字

です。強み，弱み，機会，脅威の意味です。SW を内部環境，OT を外部環境に分け，以下の図のようにして示します。

SWOT 法は，経営学において，組織の内部環境と外部環境を分析し，どの分野に集中した事業と行うべきなのか，あるいは避けるべき事業などは何かといったことを考えるツールとして活用されています。4つのドメインに分けることができますが，それぞれは，次のような意味合いだと考えていただければよいでしょう。図 5-3 の右を参照してください。

- S × O ＝ 投資→強みを活かして機会をつかむ
- S × T ＝ 防御→強みを活かして脅威から防御
- W × O ＝ 判断→弱みを克服して機会をつかむ
- W × T ＝ 回避→弱みと脅威の因果関係を断ち切る

これをキャリアデザインに応用して考えてみましょう。架空の人物，A さんを例にして次のように示すことができます。

A さんは，英語が得意です。英検で準 1 級をパスし，英語を活かしたキャリアを目指しています。ただし，人見知りする性格なので，文章の読み書きは良いのですが，会話を積極的に行うことは苦手です。現在，アメリカに進出している日本企業や日本に進出している米国企業は数多

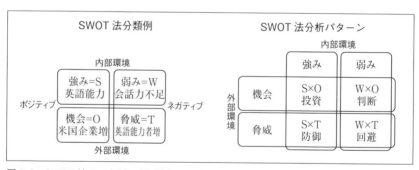

図 5-3　SWOT 法の 4 領域の例（左）と分析のパターン（右）
(出典) 各種の資料より筆者が作成

く存在しています。日本では英語の学習熱が高まっていて準1級を取得する人も増加しています。

　これらの状況において，Aさんは，どのようなキャリア形成をすることが考えられるのか，SWOT法を用いて検討してみましょう。まず，英検準1級をもっているということはSに含まれます。しかし，会話が苦手というWな点があります。これらは，Aさん自身の強みと弱みを示した，内部環境です。一方，アメリカに進出している日本企業や在日米国企業が多数存在することは，Aさんが英語を生かして就職する可能性が大きいといえます。一方，英検で準1級を取得する人が増加しているということは，Aさんの英語能力の価値が相対的に落ちていく可能性を示唆しています。これらは，Aさんにとって外部環境であり，個人の努力で何とかなるというものではありません。

　以上を前提として，SWOT法を活用して考えてみましょう。まず，英語能力の高さ（S）をセールスポイントにして，数多く存在する米国進出日本企業や在日米国企業に積極的に応募しましょう。これがS×Oにあたります。次に，S×Tについて考えてみましょう。英語検定の準1級をもつAさんにとって，この資格を取得した人が増えていることは，脅威といえます。では，どうしたらいいのでしょうか。スキルをあげて準1級ではなく，1級取得や，TOEICにも挑戦し高得点を目指すことはそのひとつです。外資系の企業でインターンをするなどして，強みにプラスアルファをつけることも考えられます。では，W×Oについては，どのようにすればいいのでしょうか。Aさんは会話が苦手なので，企業側の採用を躊躇う可能性が大きいといえます。これが弱みにもかかわらず，就職の対象となる企業が多数存在するという機会を活かすには，積極性を育む努力をすることが考えられます。しかし，性格を変えることは容易ではありません。そのように感じたなら，営業職は避け，翻訳能力が求められる事務系で売り込むことなどが考えられます。最後のW×Tに対しては，弱みと脅威の因果関係を断ち切ると説明し

ました。しかし，Ａさんの会話が苦手なことと，英語が得意な人が増えていることには因果関係が存在しません。したがって，この状態に対しては，会話力を向上させるなどの努力をして，増加する英語ができる人のレベルを超えていくしかないのかもしれません。

　SWOT法は，内外の環境分析，すなわち自分の強みと弱み，社会・経済・政治など外部の動向が自らに有利か不利か検討する仕組みといえます。そのSWOT法をキャリアデザインに応用して，上述した内容を図式化したのが，図5-3（p.170）の左です。この一例だけでSWOT法のキャリアデザインへの応用について十分理解することは難しいかもしれません。しかし，キャリアデザインは，自己分析に基づき，「好き」「得意」「大切」なことを重視していくことは必要ですが，それだけでは不十分です。自分の気持ちや能力，価値以外の外部の環境を考慮して，キャリアを考えていく姿勢を確認，活用していく一助になれば幸いです。それが「自分らしい生き方」を実現可能にしていくことにつながるからです。

　この章では「自分らしく生きる」ためのキャリアデザインの作成方法について，具体的に紹介してきました。ところで，最近，チャットGPTなどの生成AIの導入が急速に拡大しています。従来，AIの活用は，単純で，機械操作中心のルーティーン的な仕事を「奪う」と指摘されていました。しかし，生成AIでは創造的仕事も代替される可能性が出てきました。また，就職活動時に提出するエントリーシートも，必要な情報を入力すれば作成できるソフトが誕生しています。このように，AIは就職を含めたキャリアのあり方に大きな影響を与えようとしています。しかし，規制の動きなど，まだ全体像がはっきりせず影響が把握できない状況です。本書をご覧いただいている方には，その点を踏まえ，AIの動きにも関心を払っていくようにしていただければ幸いです。

参考文献

- Hall, D. T.（1976）*Careers in organizations*. Glensview, IL:Scott, Foresman.
- Hall, D. T.（2002）*Careers in and out of organizations*. Thousoud Oaks, CA:Sage.
- 平岩久里子（2018）『共に生きるためのキャリアプランニング——ダイバーシティ時代をどう生きるか』ナカニシヤ出版
- グラットン，リンダ／アンドリュー・スコット（2016）『ライフ・シフト』東洋経済新報社
- グラットン，リンダ／アンドリュー・スコット（2021）『ライフ・シフト2』東洋経済新報社
- Holland, J. L., D. R.Whitney, N. S. Cole & J. M. Richards（1969）*An empirical occupational classification derived from a theory of personality and intended for practice and research.* ACT Research Reports, 29, 22.
- クランボルツ，J・D／A・S・レヴィン（2005）『その幸運は偶然ではないんです！——夢の仕事をつかむ心の練習帳』花田光世・大木紀子・宮地夕紀子訳，ダイヤモンド社
- Krumboltz, J. D. and A. S. Levin（2004）*Luck is No Accident: Making the Most of Happenstance in Your Life and Career*, Impact Publishers.
- Krumboltz, J. D.（2009）"The Happenstance Learning Theory," *Journal of Career Assessment*, Vol.17, 135-154.
- マズロー，A・H（1987）『人間性の心理学——モチベーションとパーソナリティ［改定新版］』小口忠彦訳，産能大出版部
- Super, D. E.（1984）Career choice and life development.In D. Brown & L, Brooks（Eds.）*Career choice and development.* San Francisco, CA; Jossey-Bass.
- 田中研之輔（2019）『プロティアン——70歳まで第一線で働き続ける最強のキャリア資本術』日経BP

・渡辺三枝子（2018）『新版キャリアの心理学［第2版］』ナカニシヤ出版

平岩久里子（ひらいわ・くりこ）

池坊短期大学環境文化学科准教授。

国家資格キャリアコンサルタント。

大阪市立大学大学院創造都市研究科都市共生社会研究分野修了。修士（都市政策）。

大学卒業後，外資系金融機関で8年間正社員として勤務後，美容業界にキャリアチェンジをする。

渡仏，起業を経て，現在は勤務校で「キャリアプランニング」「現代社会とコミュニケーション」などのキャリア関連科目を担当，学生の就職相談や面接指導も行う。また，企業やNPOなどで，キャリア支援の活動を行っている。

著書に『共に生きるためのキャリアプランニング－ダイバーシティ時代をどう生きるか－』（ナカニシヤ出版）がある。

自分らしく生きるためのキャリアデザイン
ライフシフトで価値観・働き方が多様化する現代社会において

2023 年 10 月 6 日　初版第 1 刷発行　　定価はカバーに表示してあります

著　者　　平岩久里子

発行者　　中西　良

発行所　　株式会社ナカニシヤ出版
〒 606-8161　京都市左京区一乗寺木ノ本町15番地
電　話　　075 - 723 - 0111
FAX　　075 - 723 - 0095
振替口座　01030 - 0 - 13128
URL　http://www.nakanishiya.co.jp/
E-mail　iihon-ippai@nakanishiya.co.jp

装丁　草川啓三
印刷・製本　ファインワークス